和福尔摩斯一起学思考

He Fu'ermosi Yiqi Xue Sikao **Siwei Youxi**

思维游戏

（修订版）

主编 / 于　雷

吉林科学技术出版社

图书在版编目（CIP）数据

思维游戏 / 于雷主编. -- 长春 ： 吉林科学技术出版社，2024.3
（和福尔摩斯一起学思考）
ISBN 978-7-5578-0204-2

Ⅰ. ①思… Ⅱ. ①于… Ⅲ. ①智力游戏－青少年读物 Ⅳ. ①G898.2

中国版本图书馆CIP数据核字（2016）第007287号

和福尔摩斯一起学思考
思维游戏（修订版）
SIWEI YOUXI

主　　编　于　雷
出 版 人　宛　霞
责任编辑　吕东伦
助理编辑　樊莹莹
封面设计　长春美印图文设计有限公司
制　　版　长春美印图文设计有限公司
幅面尺寸　170 mm × 240 mm
开　　本　16
字　　数　400千字
印　　张　14
版　　次　2024年3月第1版
印　　次　2024年3月第1次印刷

出　　版　吉林科学技术出版社
发　　行　吉林科学技术出版社
地　　址　长春市福祉大路5788号
邮　　编　130118
发行部电话/传真　0431-81629529　81629530　81629531
81629532　81629533　81629534
储运部电话　0431-86059116
编辑部电话　0431-81629518
印　　刷　吉林省创美堂印刷有限公司

书　　号　ISBN 978-7-5578-0204-2
定　　价　35.00元

目　录

1 三角处的圆圈

如下图，每个三角形的三个角处都有一个圆圈。根据前三个图案的规律，请问，最后一个三角形右下角问号处应该填什么样的圆圈？

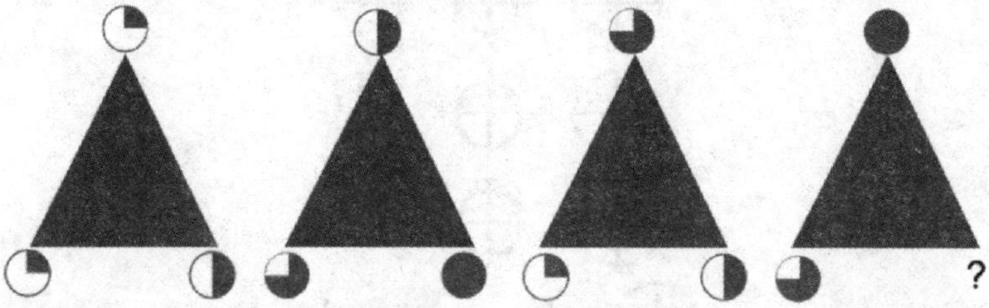

2 两个方块

从选项中找出一个图案填在题目中的问号处，使所给的九个图形符合某一特定的规律。

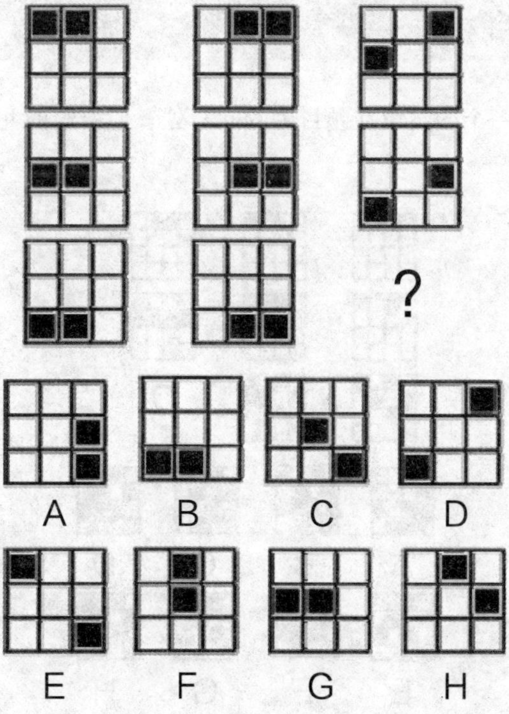

3 准 星

从选项中找出一个图案填在题目中的问号处，使所给的九个图案符合某一特定的规律。

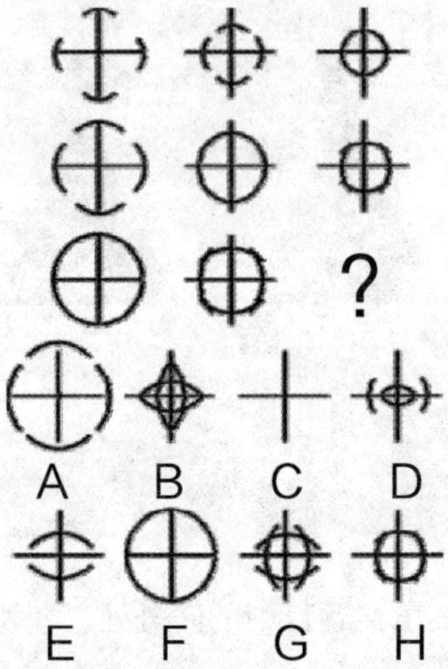

4 黑点与白点

从选项中找出一个图案填在题目中的问号处，使所给的九个图案符合某一特定的规律。

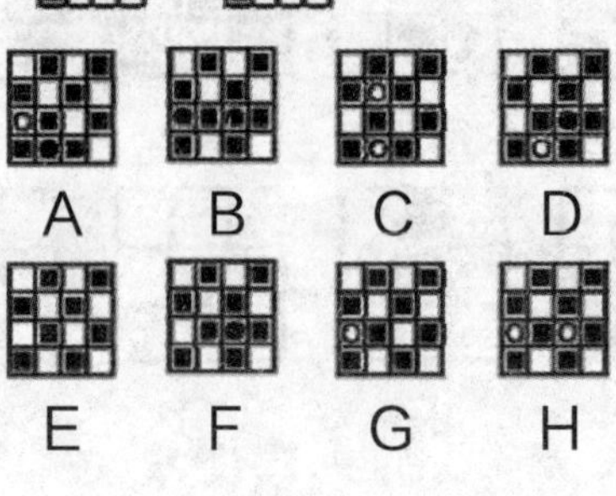

5 复杂的规律

从选项中找出一个图案填在题目中的问号处，使所给的九个图案符合某一特定的规律。

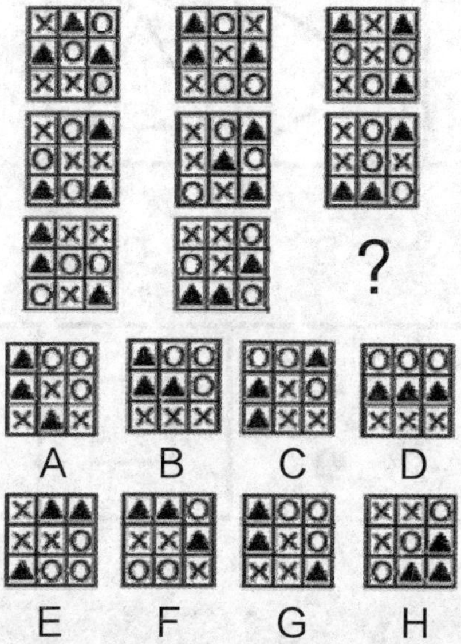

6 平 移

根据下图的规律，空白处应该填什么？

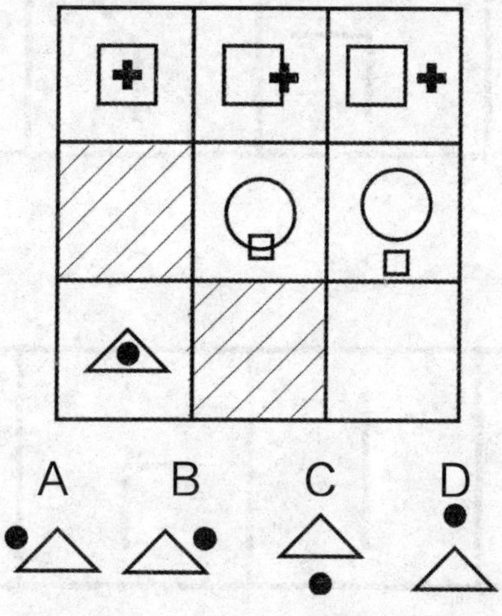

7 奇怪的变换

根据下图的规律，问号处应该填什么？

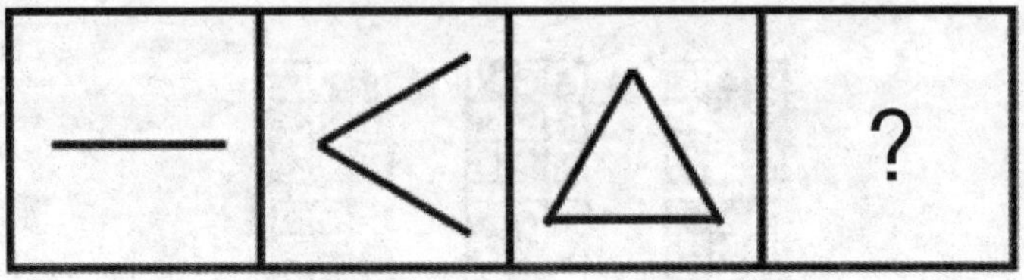

A　　B　　C　　D

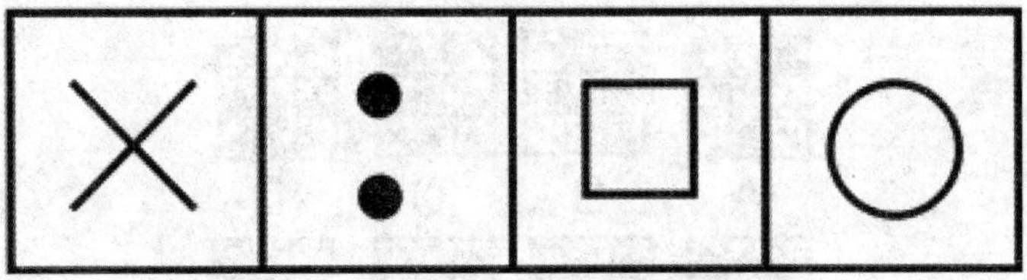

8 角　度

根据下图的规律，问号处应该填什么？

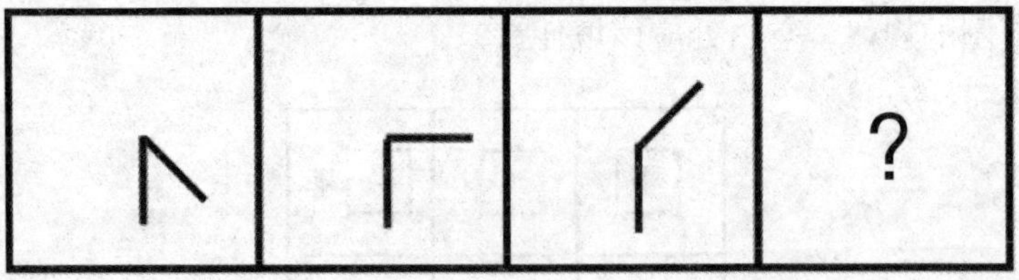

A　　B　　C　　D

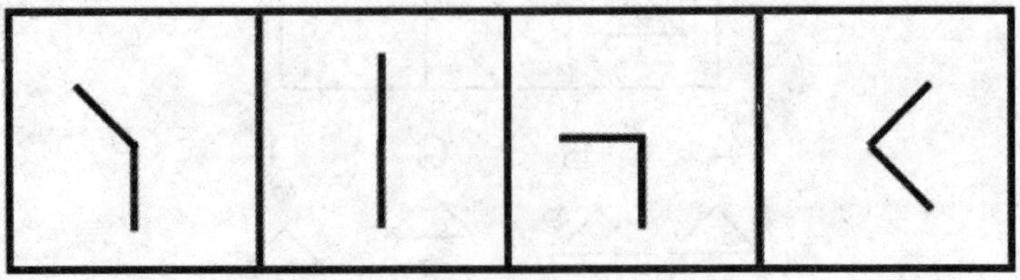

9 分 支

根据下图的规律，问号处应该填什么？

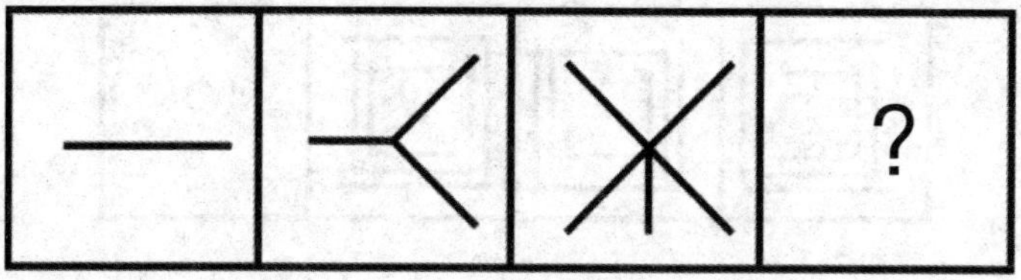

A B C D

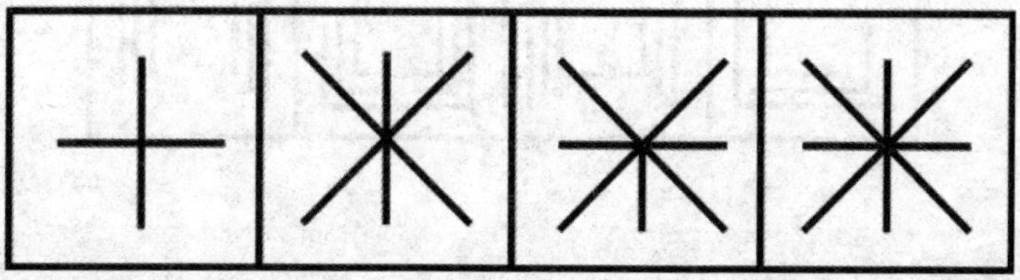

10 延 伸

根据下图的规律，问号处应该填什么？

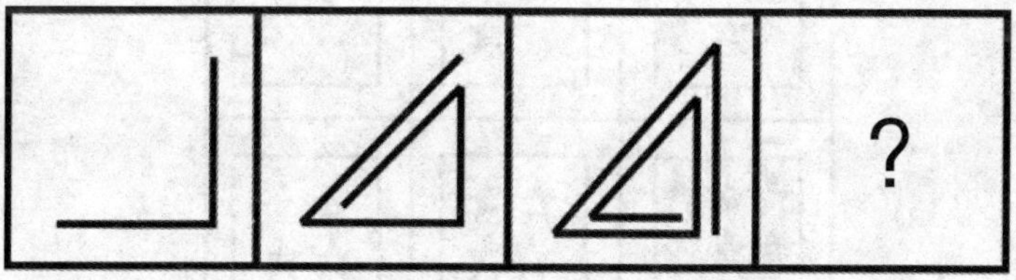

A B C D

11 嵌套

根据下图的规律，问号处应该填什么？

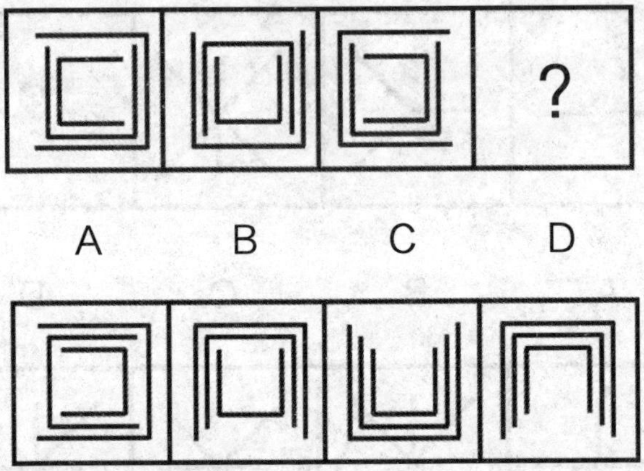

12 五角星

根据下图的规律，问号处应该填什么？

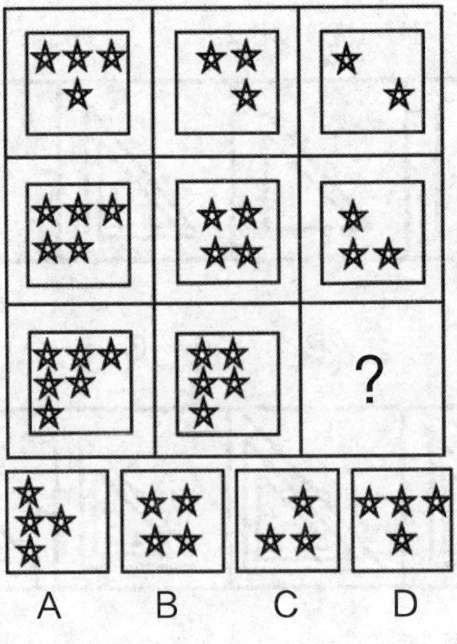

13 汉字规律

根据下图的规律，问号处应该填什么字？

正	在	来
可	两	面
中	央	？

A	B	C	D
令	好	音	政

14 方块拼图

根据下图的规律，问号处应该填什么图案？

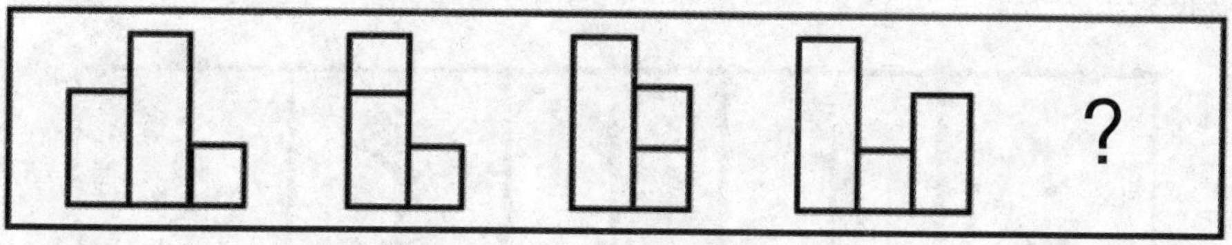

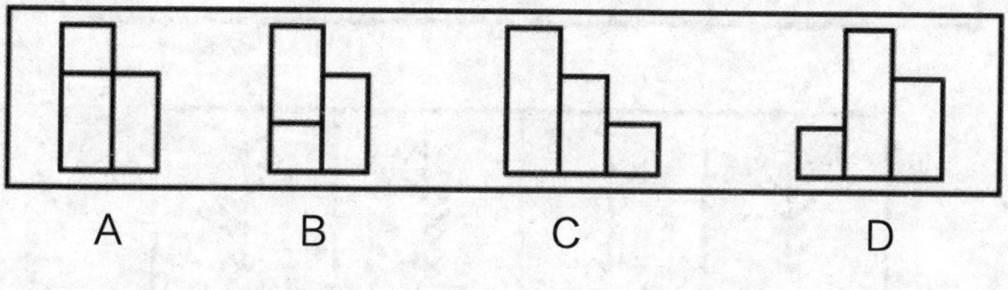

A　B　C　D

15 三色方格

根据下图的规律，问号处的图形应该是哪个？

A　　B　　C　　D

16 箭头规律

根据下图的规律，问号处的图形应该是哪个？

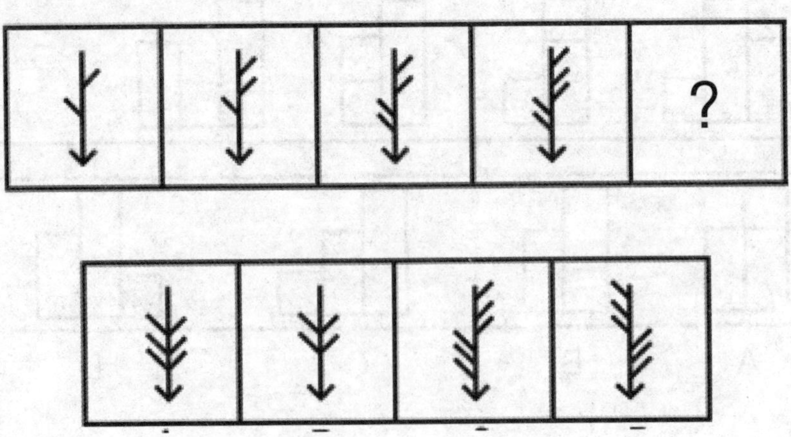

A　　B　　C　　D

17 构成元素

根据下图的规律，问号处的图案应该是哪个？

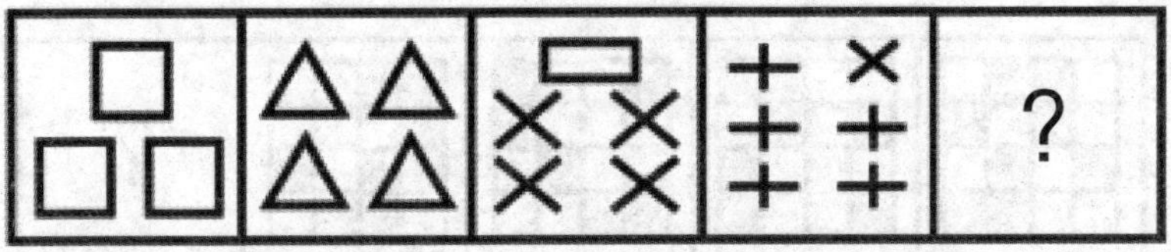

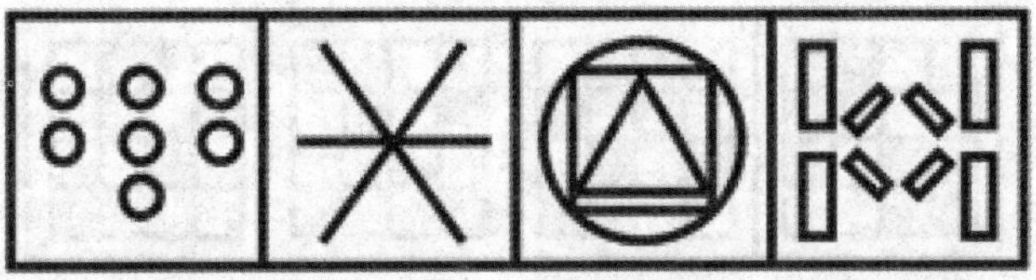

A B C D

18 阳春白雪

根据下图的规律，问号处的字应该是哪个？

二	小	无	外	?

A	B	C	D
阳	春	白	雪

19 黑白方格

根据下图的规律，问号处的图案应该是哪个？

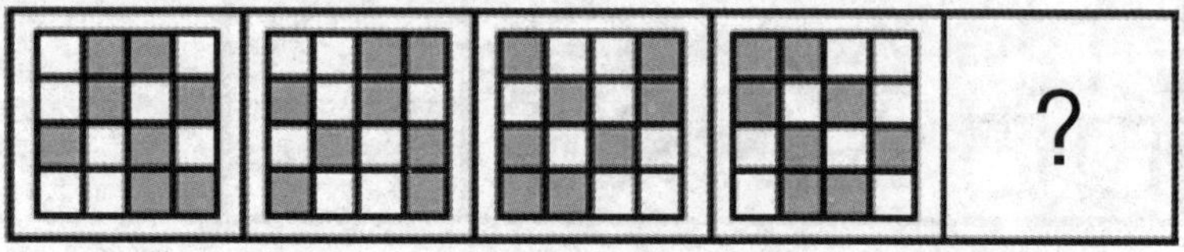

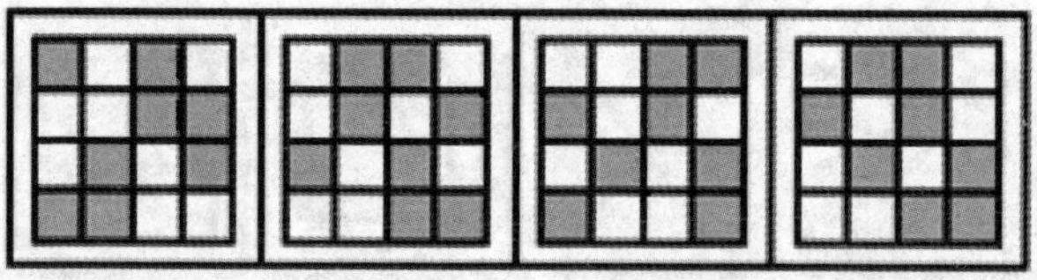

A　　B　　C　　D

20 上下平衡

根据下图的规律，问号处的图案应该是哪个？

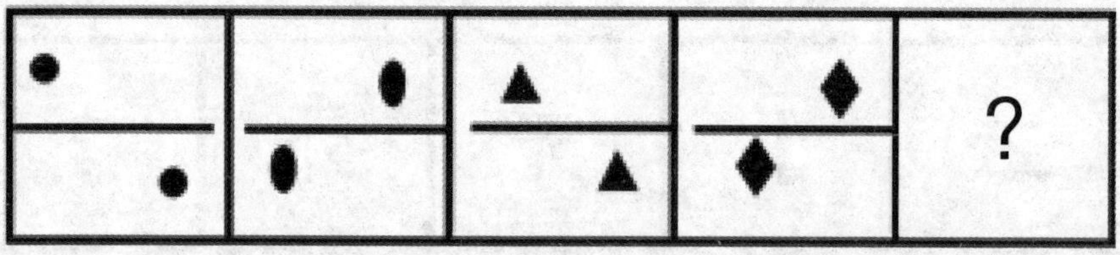

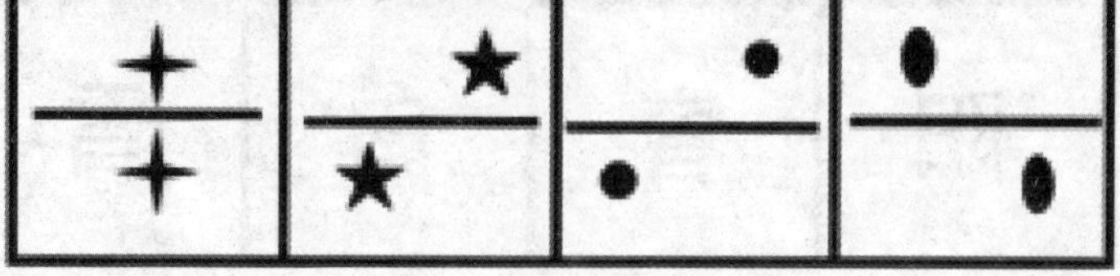

A　　B　　C　　D

21 移动竖条

根据下图的规律，问号处的图案应该是哪个？

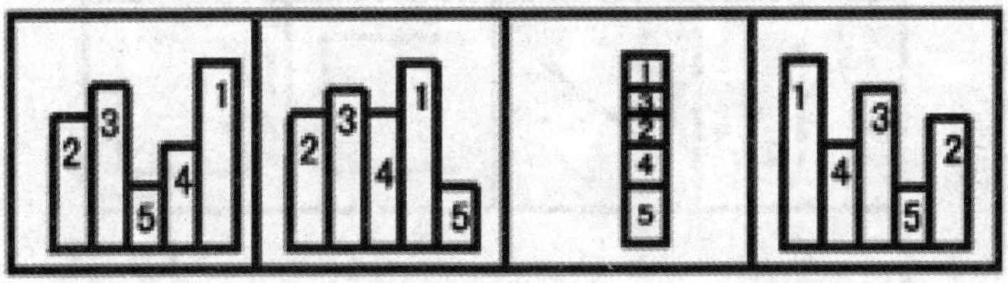

A　　B　　C　　D

22 缺　口

根据所给图案的规律，问号处的图案应该是哪个？

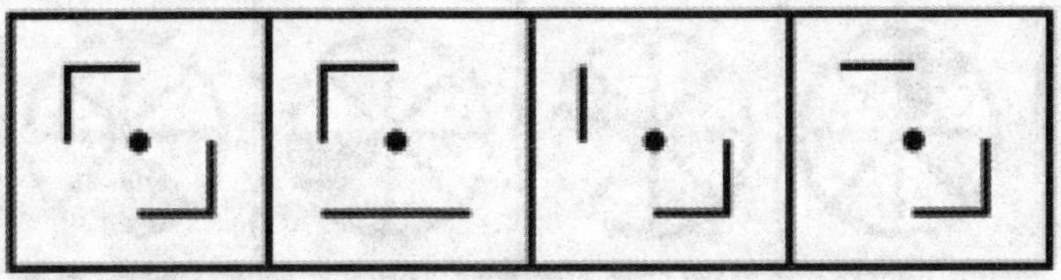

A　　B　　C　　D

23 简　化

根据所给图形的规律，问号处的图形应该是什么？

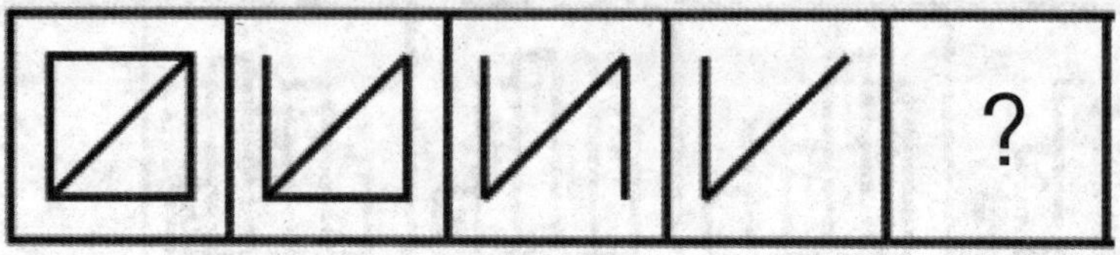

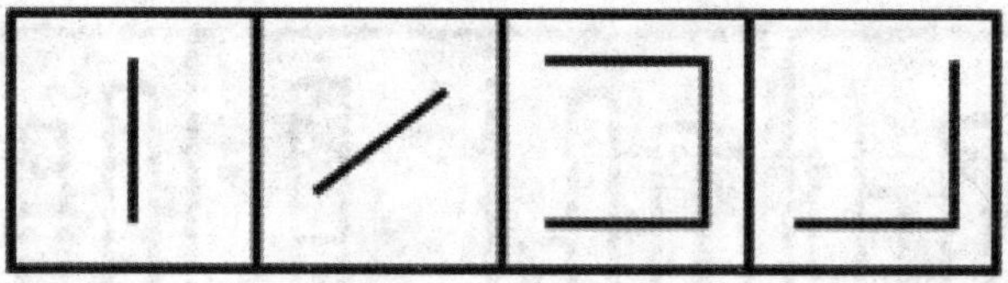

A　　B　　C　　D

24 旋转的扇形

根据所给图形的规律，问号处的图形应该是哪个？

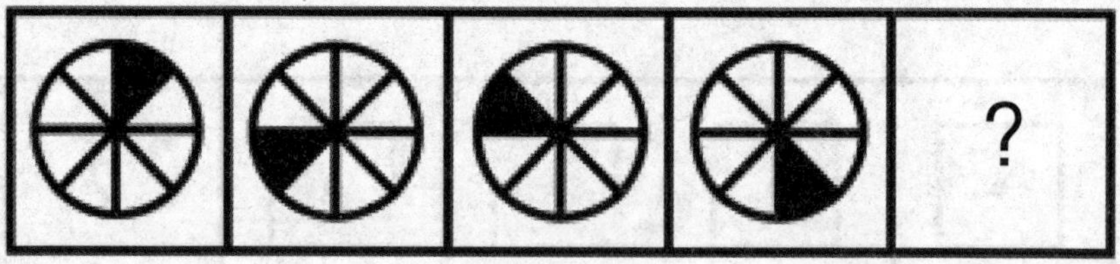

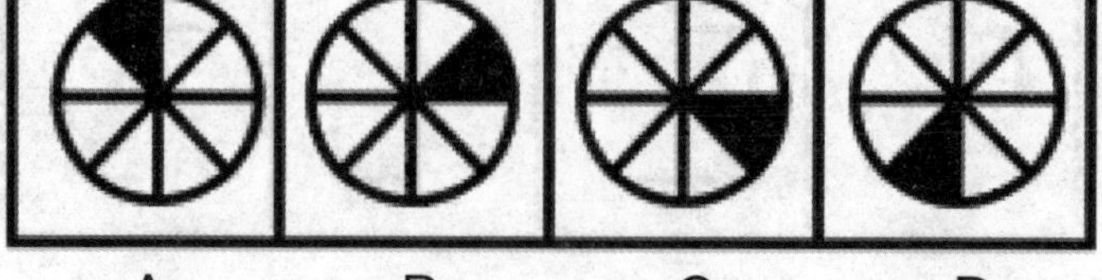

A　　B　　C　　D

25 贪吃蛇

根据下图的规律，问号处的图案应该是哪个？

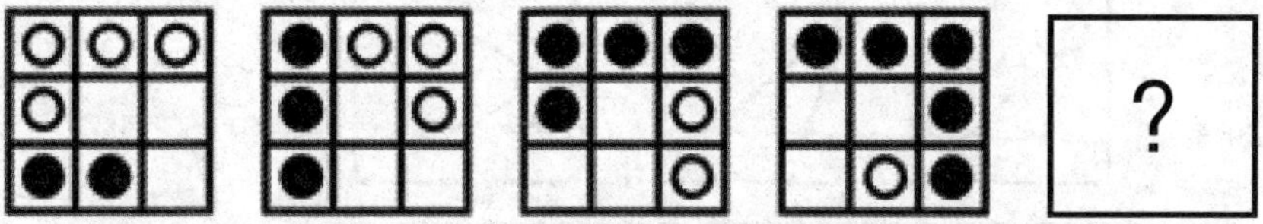

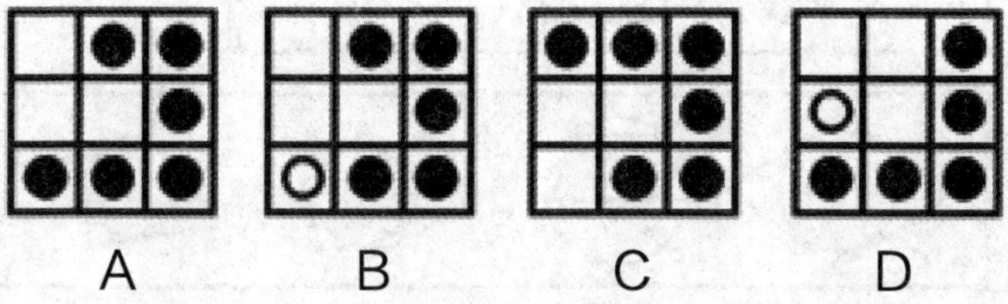

26 角　度

根据所给图案的规律，问号处应该填什么图案？

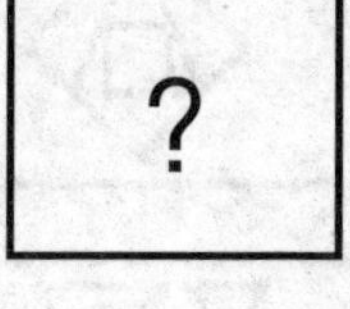

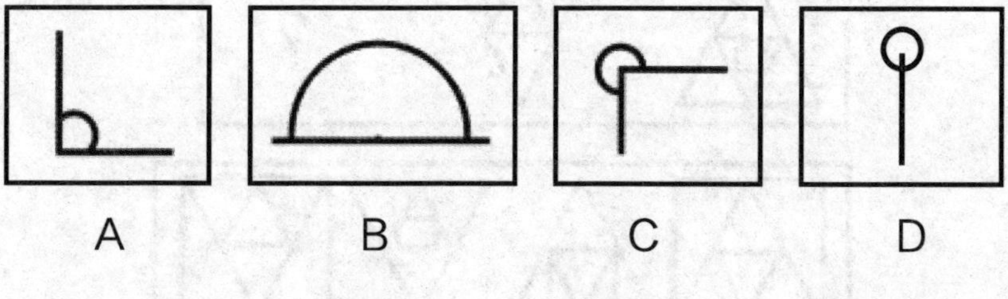

27 直线与曲线

根据下图的规律，问号处应该填什么？

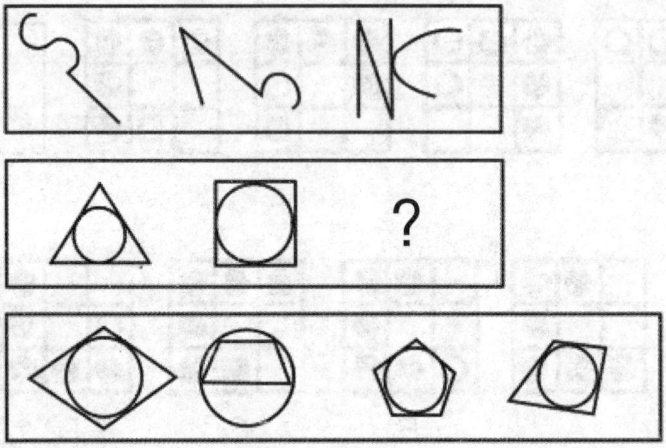

A　B　C　D

28 组合的规律

根据下图的规律，问号处应该填什么图案？

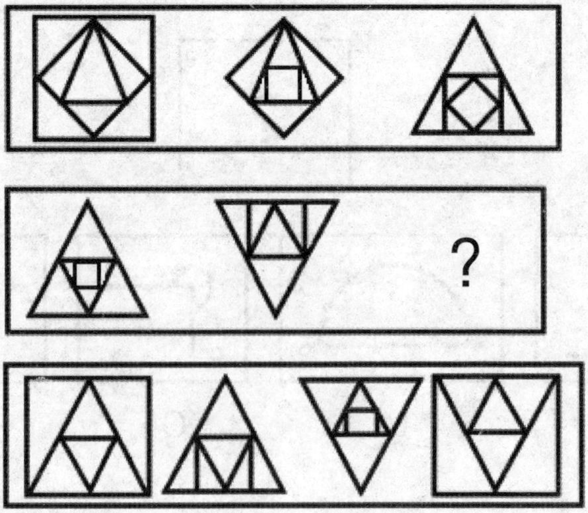

A　B　C　D

29 递增的折线

根据所给图案的规律，问号处应该填什么图案？

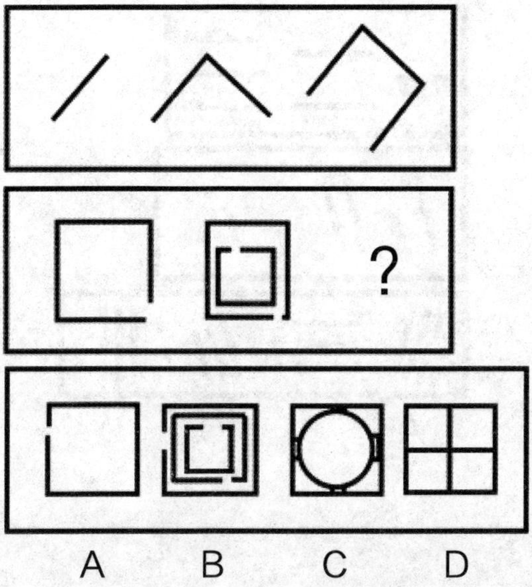

30 圆形与正方形

根据下图的规律，问号处应该填什么图案？

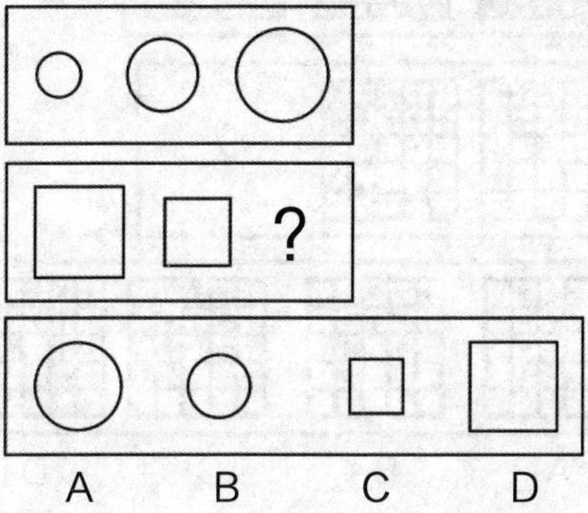

31 三条线段

根据下图的规律，问号处应该填什么？

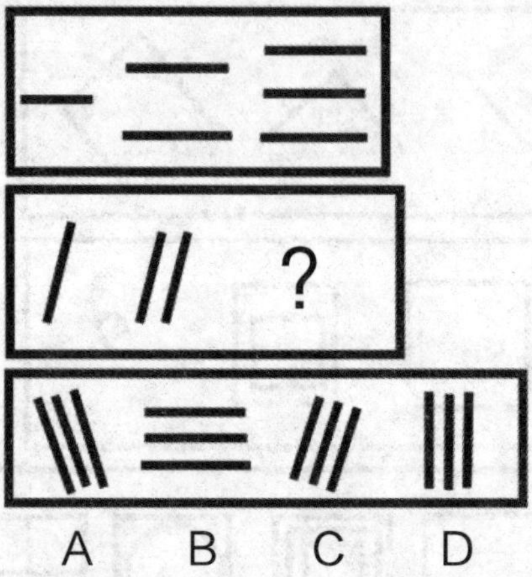

32 什么规律

根据所给图案的规律，问号处应该填什么图案？

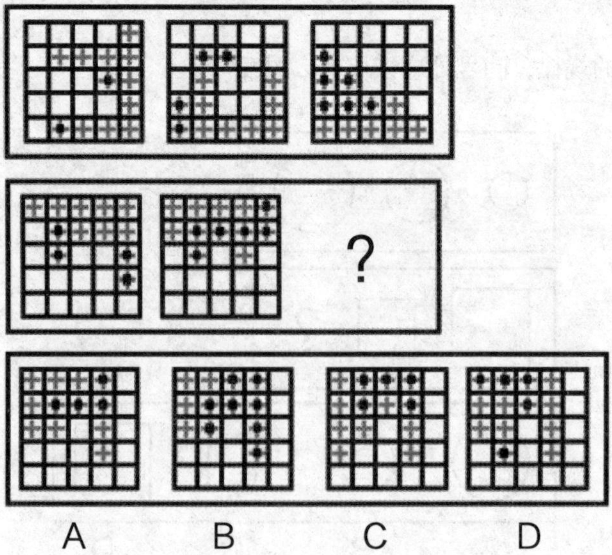

33 括　号

根据所给图案的规律，问号处应该填什么图案？

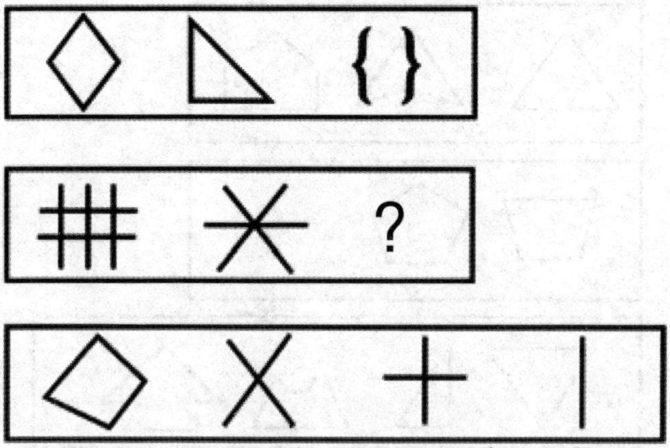

A　　B　　C　　D

34 文字规律

下面文字的规律，问号处应该填什么？

井　末　再

人　工　？

民　止　石　业

A　　B　　C　　D

35 简单的图形

根据所给图形的规律，问号处应该填什么图形？

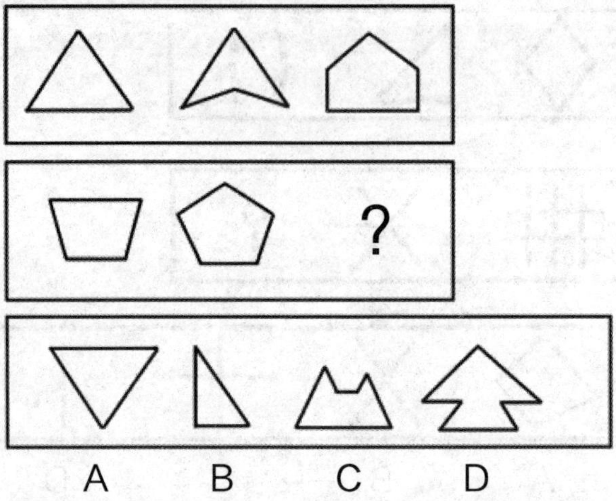

36 星形图案

根据所给图案的规律，问号处应该填什么图案？

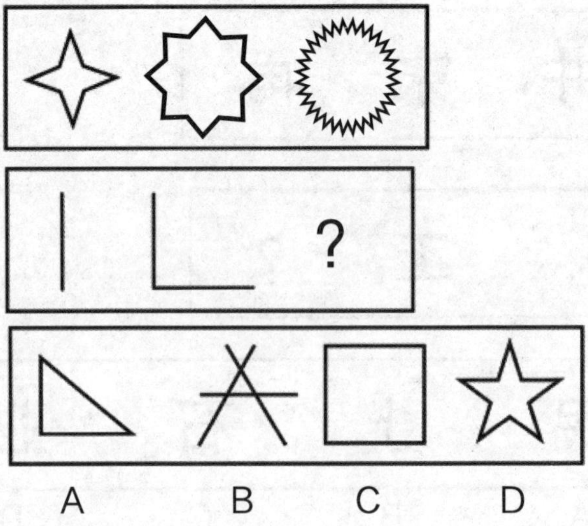

37 切 割

根据所给图形的规律，问号处应该填什么图形？

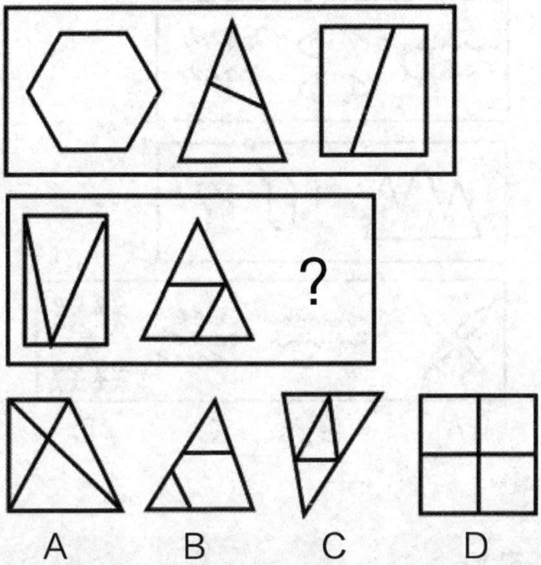

38 线段的规律

根据所给图案的规律，问号处应该填什么图案？

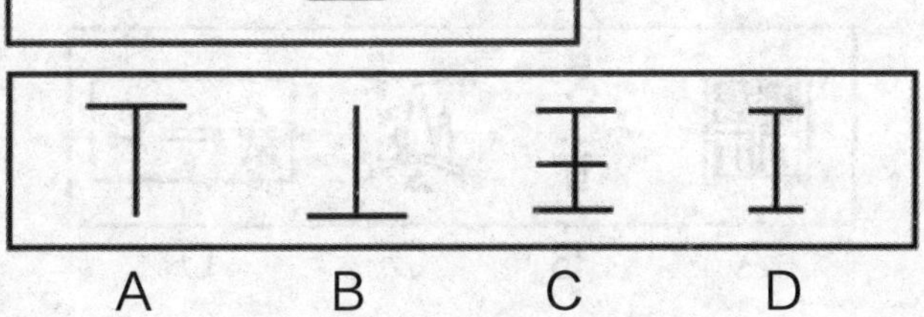

39 奇怪图形

根据所给图案的规律，问号处应该填什么图案？

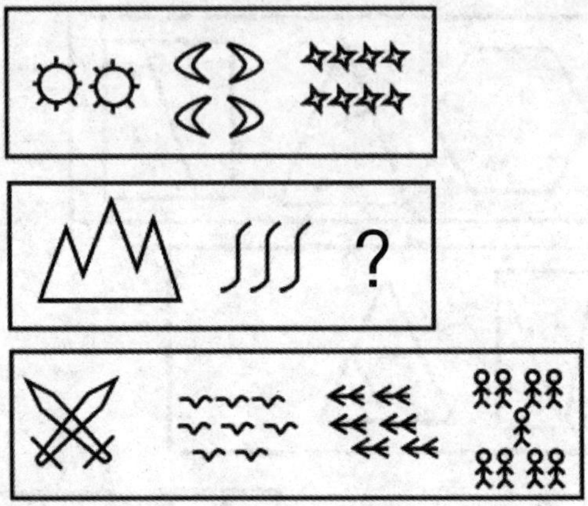

A　B　C　D

40 超复杂图案

根据所给图案的规律，问号处应该填什么图案？

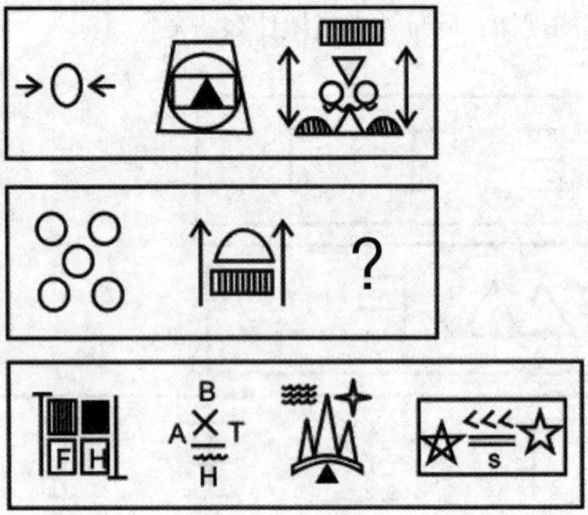

A　B　C　D

41 线段组合

根据所给图案的规律，问号处应该填什么图案？

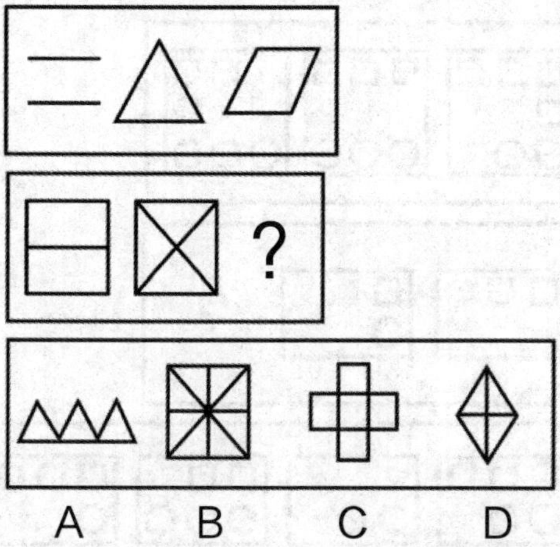

42 分割火炬

根据下图的规律，问号处应该填什么？

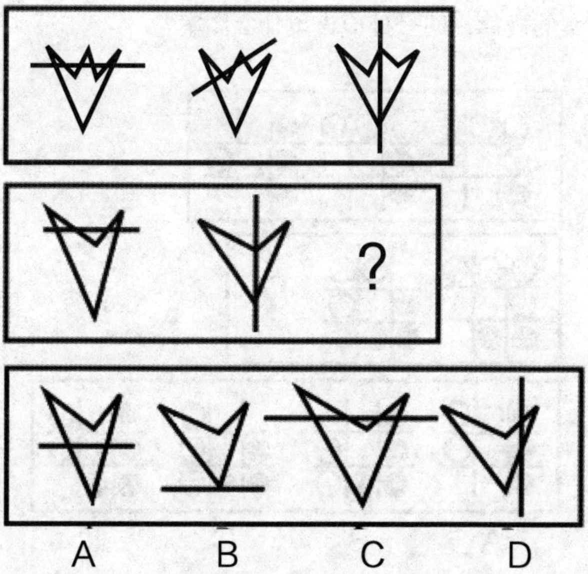

43 圆圈方块

根据所给图案的规律，问号处应该填什么图案？

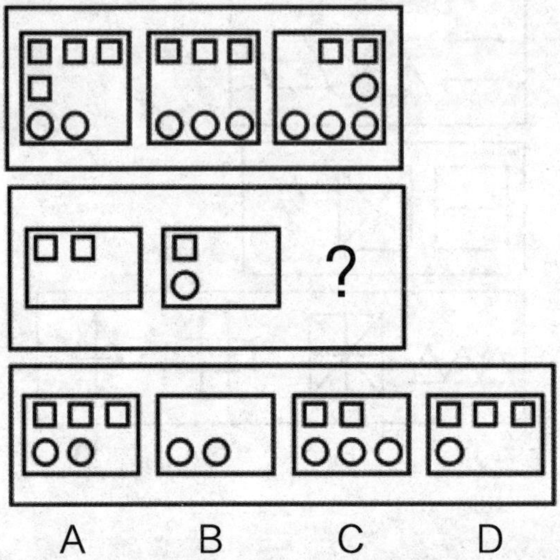

44 黑白点游戏

根据所给图案的规律，问号处应该填什么图案？

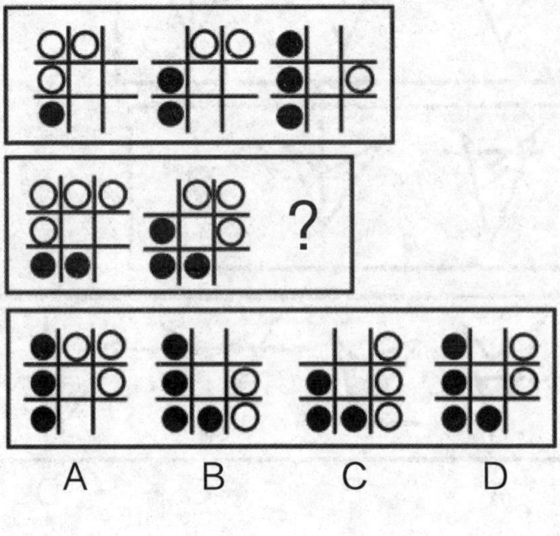

45 多重箭头

根据所给图案的规律，问号处应该填什么图案？

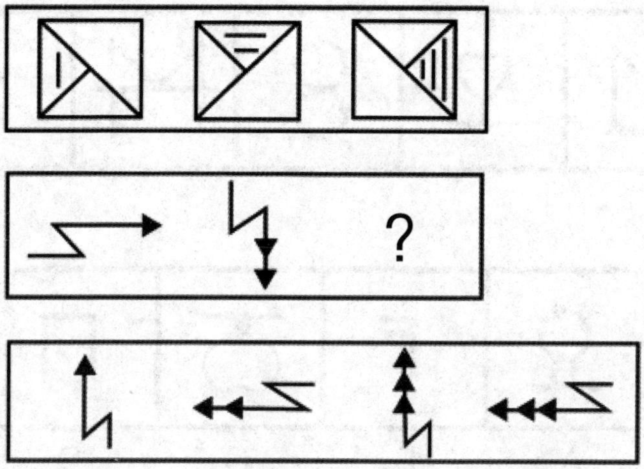

A　　B　　C　　D

46 移　动

根据所给图案的规律，问号处应该填什么图案？

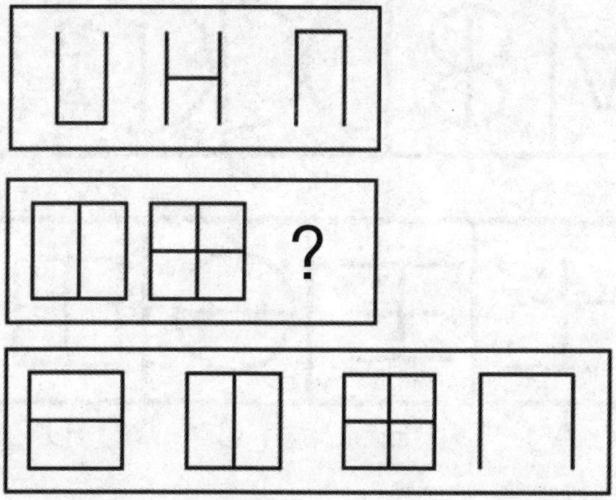

A　　B　　C　　D

47 奇妙的图案

根据所给图案的规律，下一个图案应该是哪个？

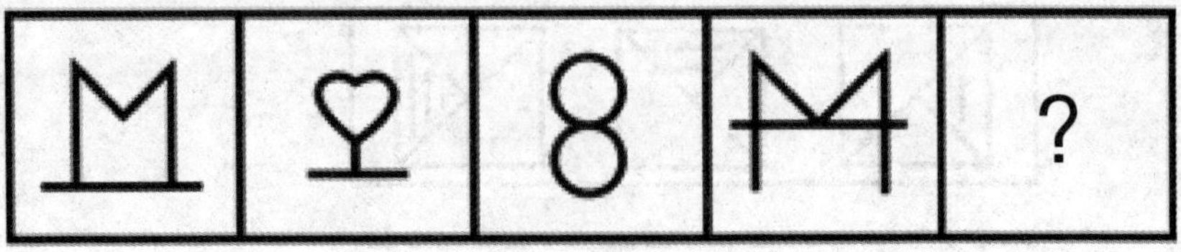

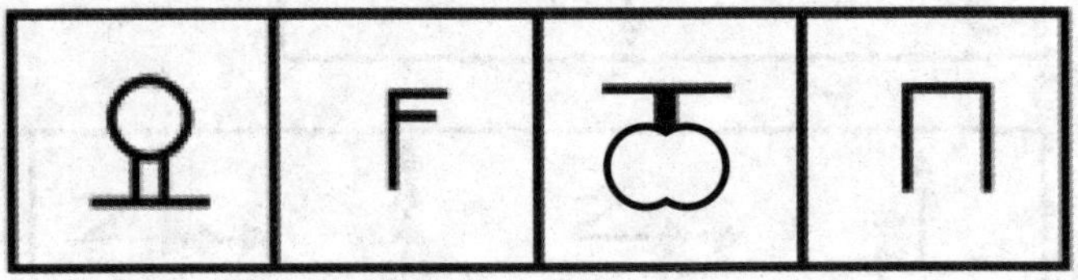

A　　B　　C　　D

48 巧妙的变化

根据所给图案的规律，下一个图案应该是哪个？

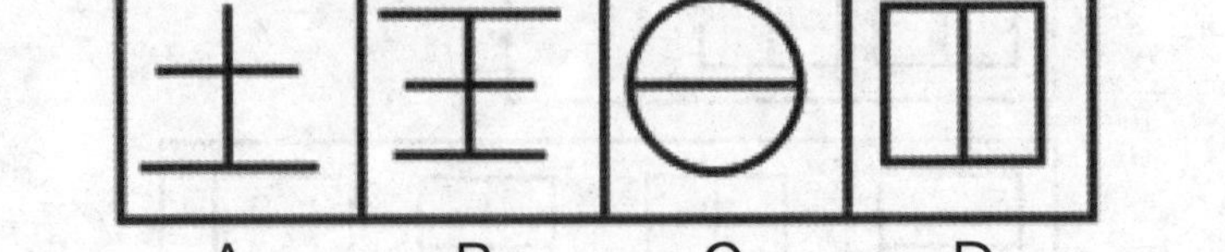

A　　B　　C　　D

49 几点钟

请按照前面三个钟表指针的位置，确定第四个钟表的指针位置。

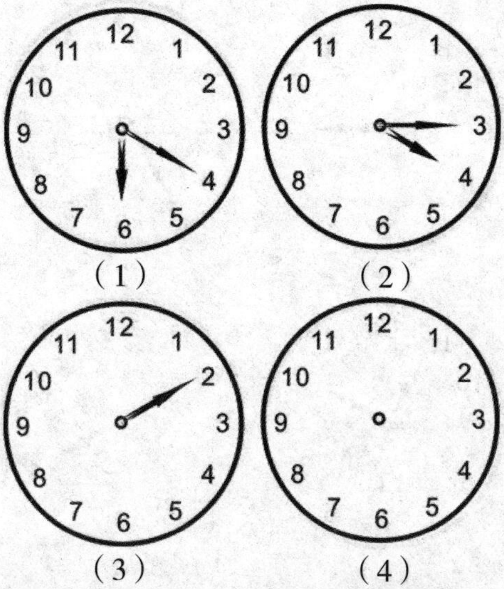

50 分针的位置

请按照前面三个钟表指针的位置，确定第四个钟表的分针的位置。

51 指针的规律

请按照前面三个钟表指针的位置，确定第四个钟表的分针的位置。

（1） （2）

（3） （4）

52 简单的规律

请按照前面三个钟表指针的位置，确定第四个钟表的指针位置。

（1） （2）

（3） （4）

53 分针的规律

请按照前面三个钟表指针的位置，确定第四个钟表的分针的位置。

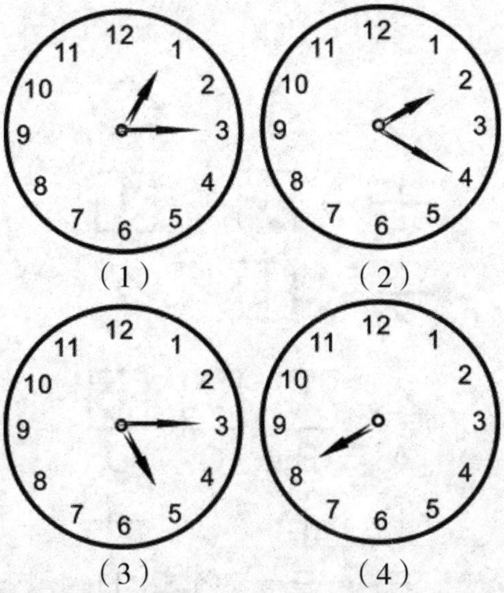

54 奇妙的组合

从选项中找出一个图形填在题目中的问号处，使所给的九个图形符合某一特定的规律。

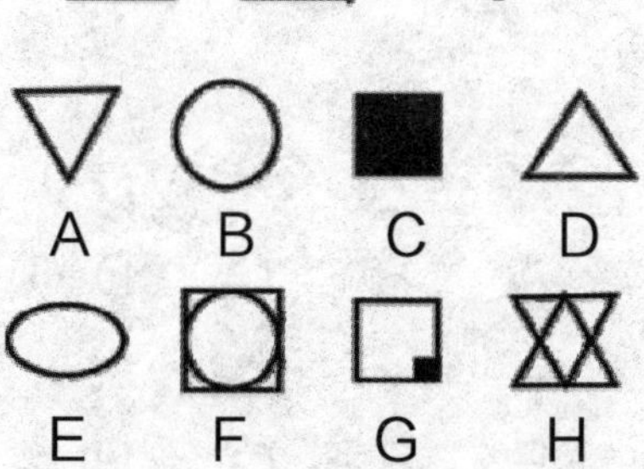

55 奇怪的规律

从选项中找出一个图形填在题目中的问号处，使所给的九个图形符合某一特定的规律。

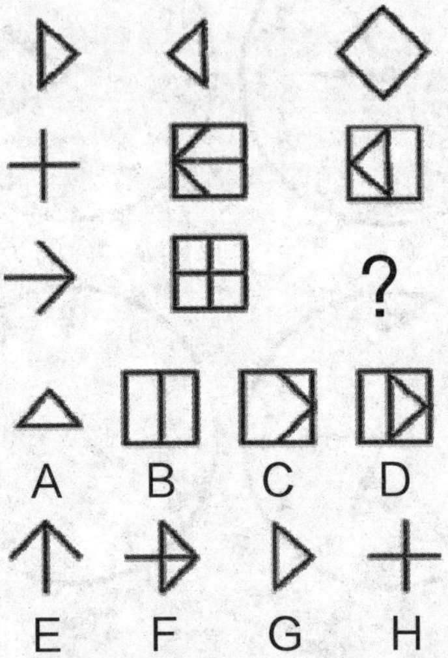

56 箭头组合

从选项中找出一个图形填在题目中的问号处，使所给的九个图形符合某一特定的规律。

57 复杂的图形

从选项中找出一个图形填在题目中的问号处，使所给的九个图形符合某一特定的规律。

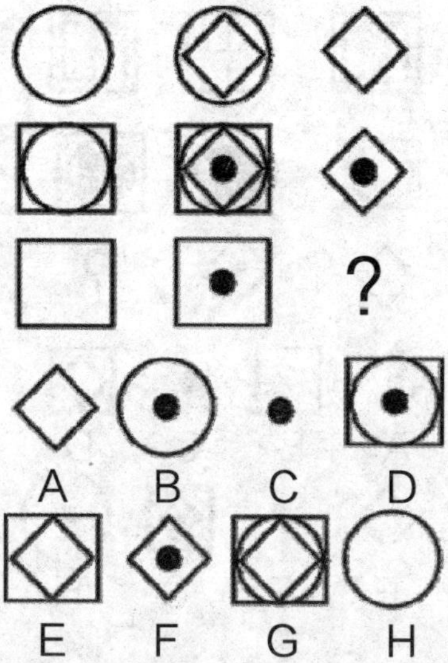

58 直线与折线

从选项中找出一个图形填在题目中的问号处，使所给的九个图形符合某一特定的规律。

59 巧妙的组合

从选项中找出一个图形填在题目中的问号处，使所给的九个图形符合某一特定的规律。

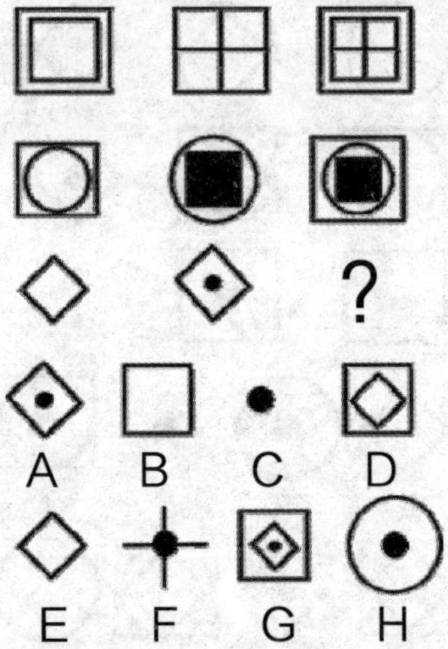

60 奇妙的变换

从选项中找出一个图形填在题目中的问号处，使所给的九个图形符合某一特定的规律。

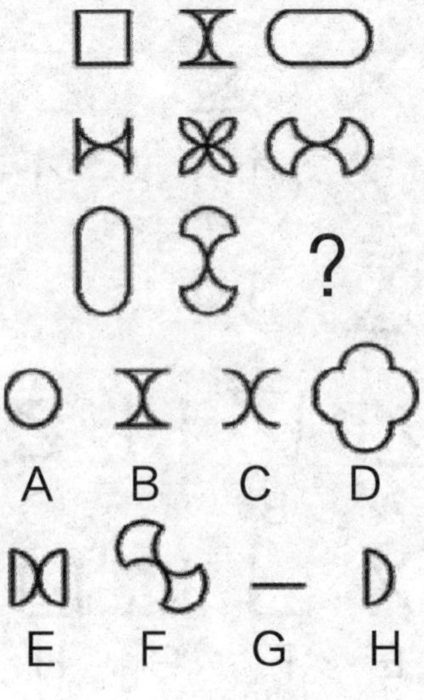

61 黑　点

从选项中找出一个图形填在题目中的问号处，使所给的九个图形符合某一特定的规律。

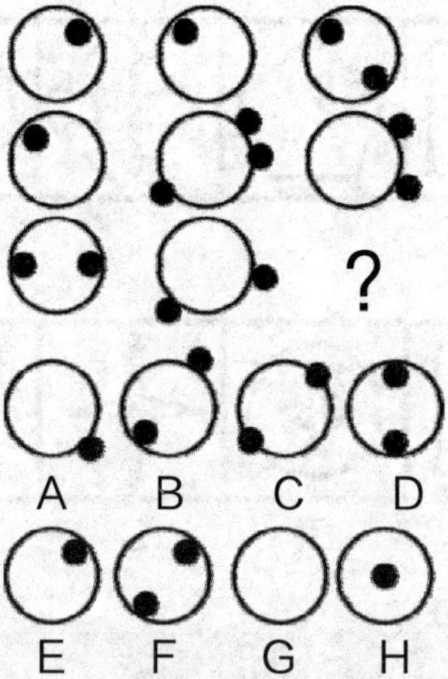

62 画方格

根据所给图案的规律，问号处应该填什么图案？

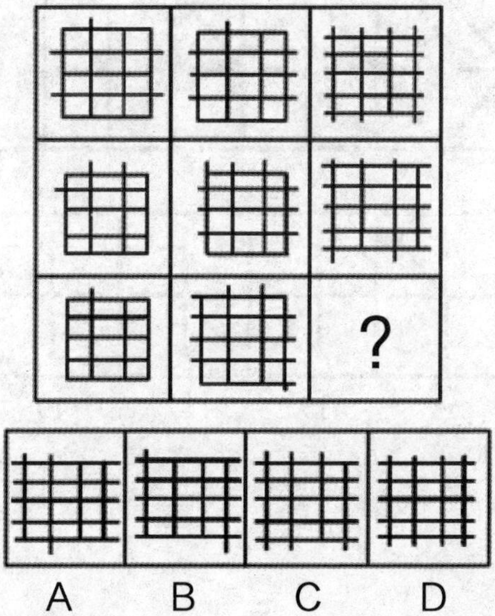

63 放大与缩小

根据所给图形的规律，问号处的图形应该是哪个？

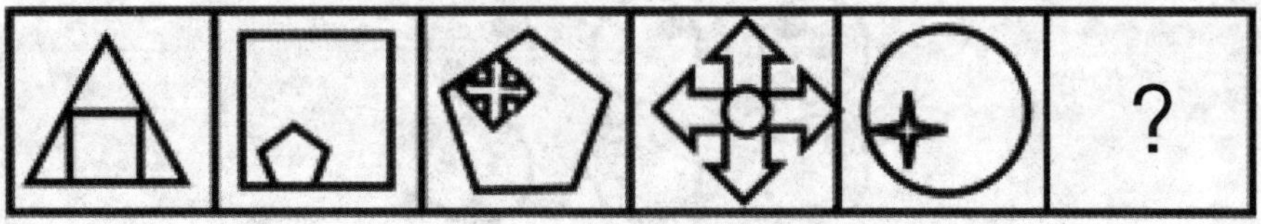

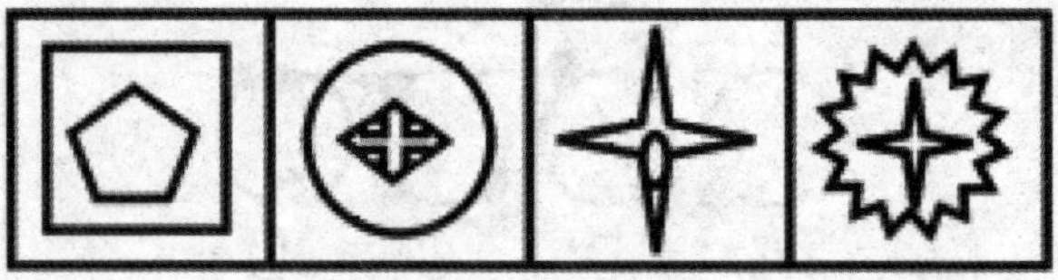

A　　B　　C　　D

64 斜　线

根据下图的规律，问号处的图案应该是哪个？

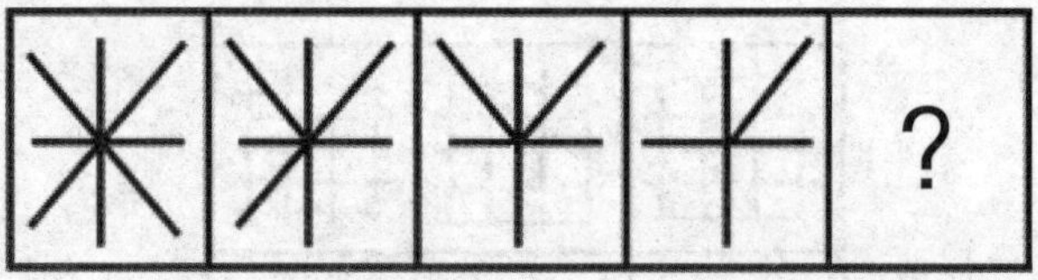

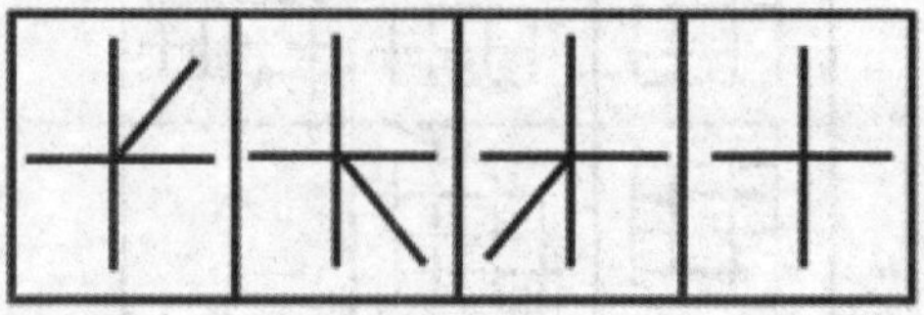

A　　B　　C　　D

65 圆　点

根据所给图形的规律，问号处的图形应该是哪个？

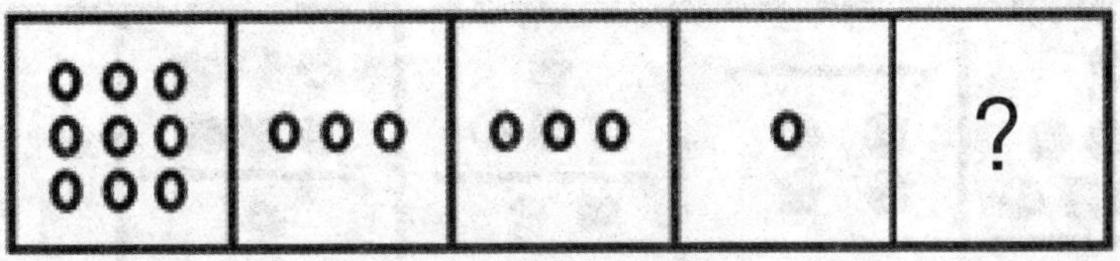

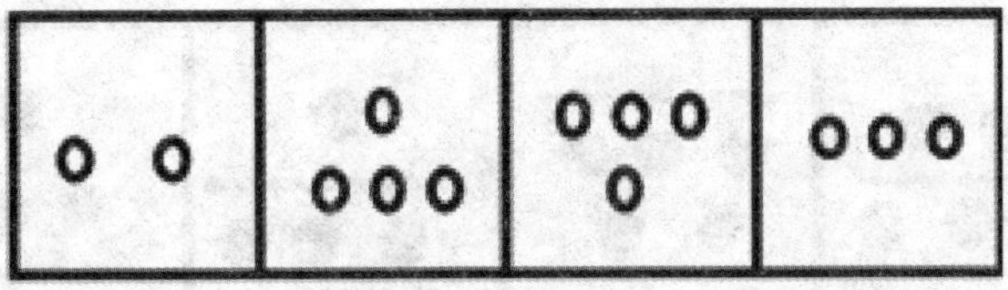

A　　B　　C　　D

66 圆与方块

根据下图规律，问号处的图案应该是哪个？

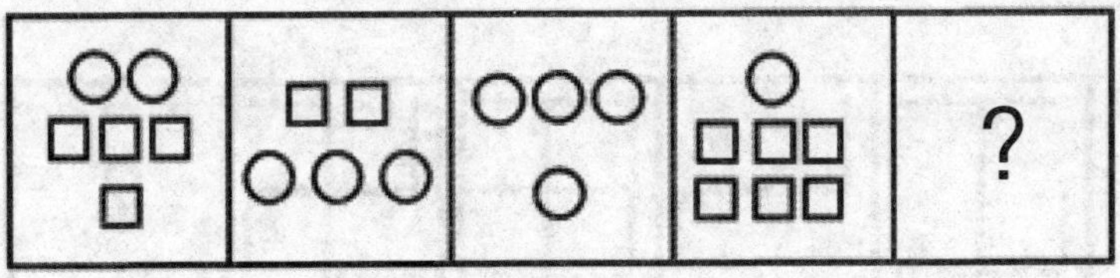

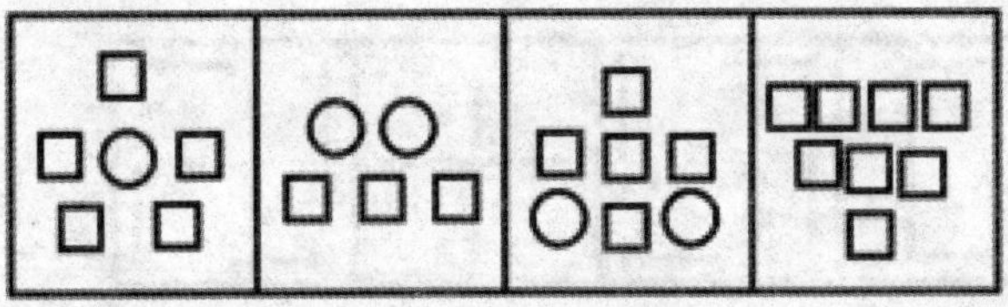

A　　B　　C　　D

67 直线与黑点

根据下图的规律，问号处的图案应该是哪个？

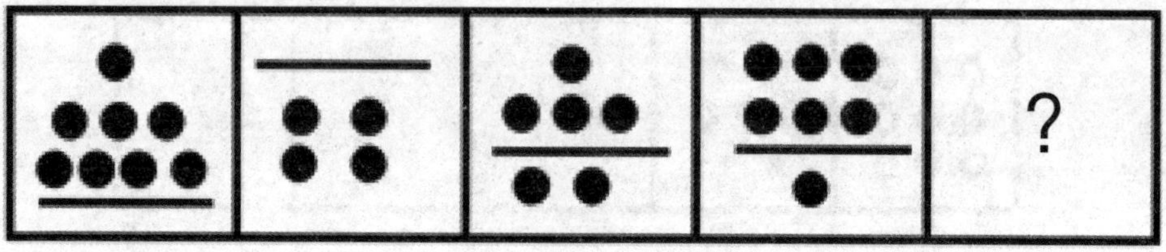

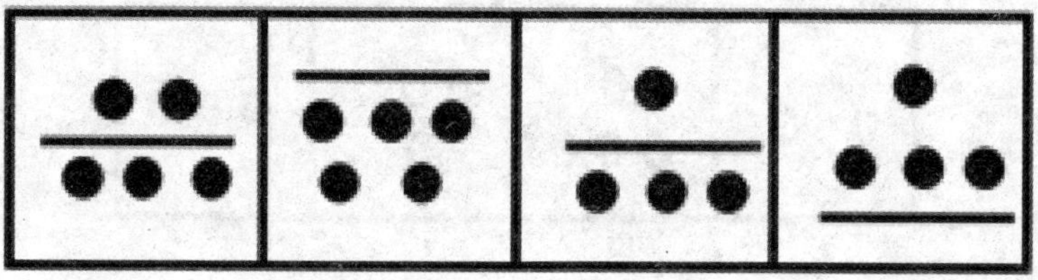

A　　B　　C　　D

68 有缺口的田字

根据下图的规律，问号处应该选哪一项？

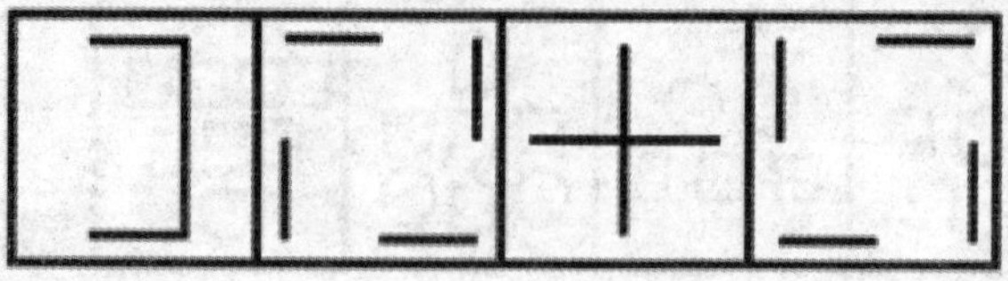

A　　B　　C　　D

69 涂黑的三角形

根据下图的规律，问号处应该填什么？

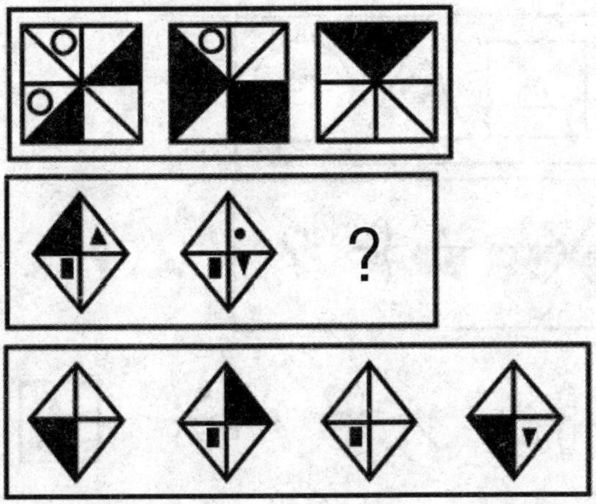

A　　B　　C　　D

70 五角星

根据下图的规律，问号处应该填什么？

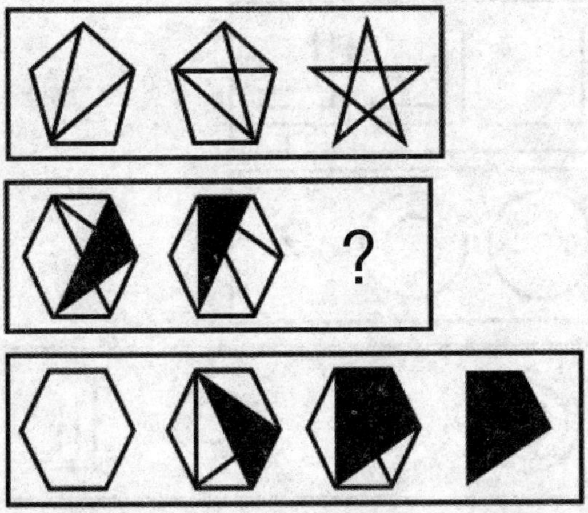

A　　B　　C　　D

71 复杂的图形

根据下图的规律，问号处应该填什么？

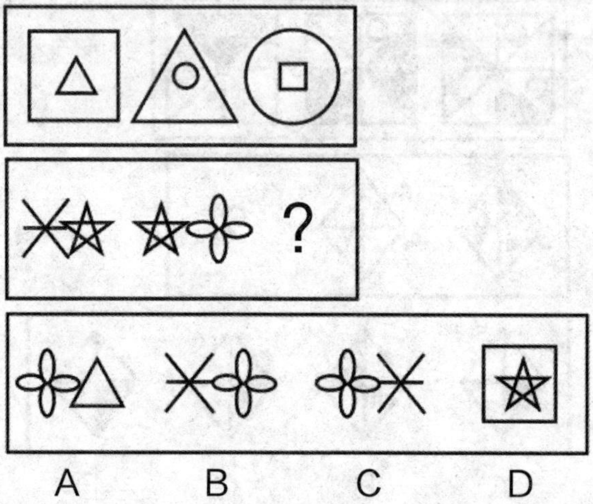

72 线段与圆圈

根据下图的规律，问号处应该填什么图案？

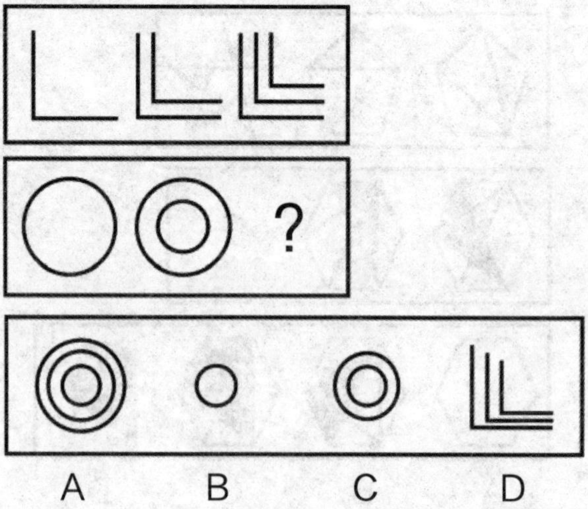

73 涂 色

根据所给图形的规律，问号处应该填什么图形？

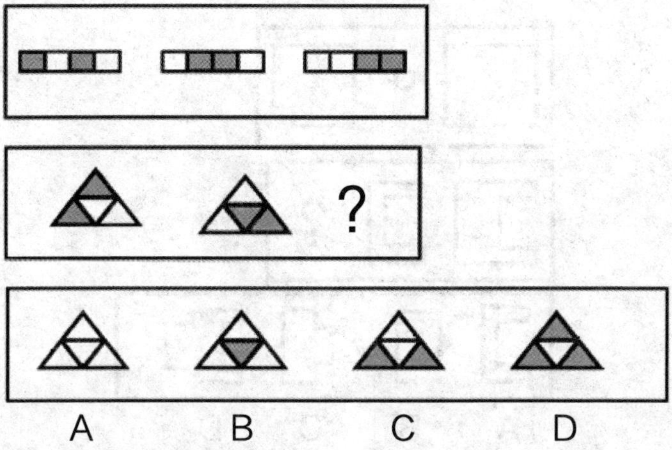

74 变换的梯形

根据所给图形的规律，问号处应该填什么图形？

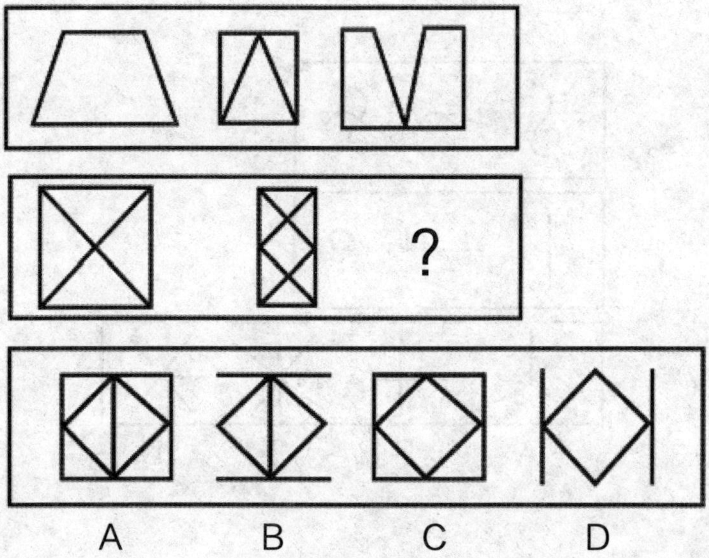

75 缺口的大小

根据所给图形的规律，问号处应该填什么图形？

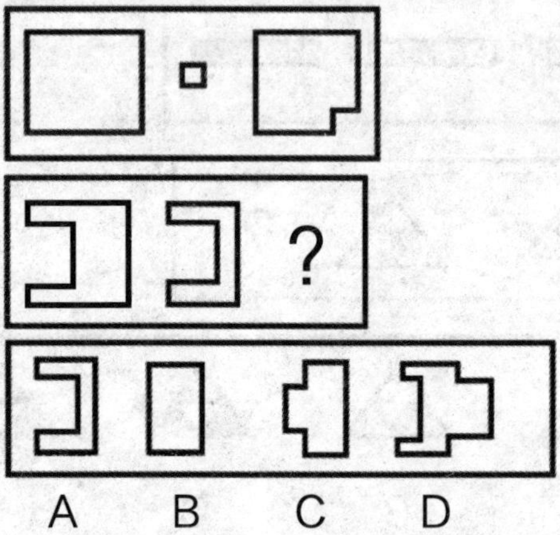

76 组合花瓣

根据所给图形的规律，问号处应该填什么图形？

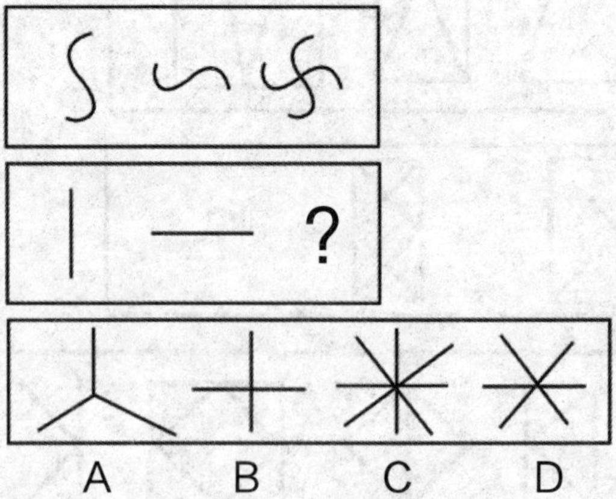

77 相交的直线

根据所给图形的规律，问号处应该填什么图形？

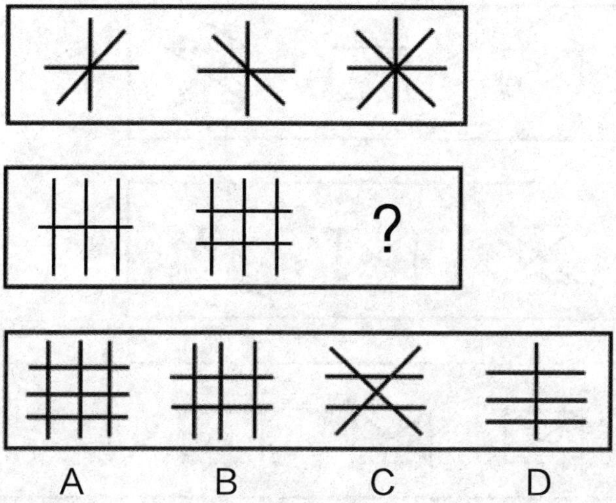

78 黑白格子

根据所给图形的规律，问号处应该填什么图形？

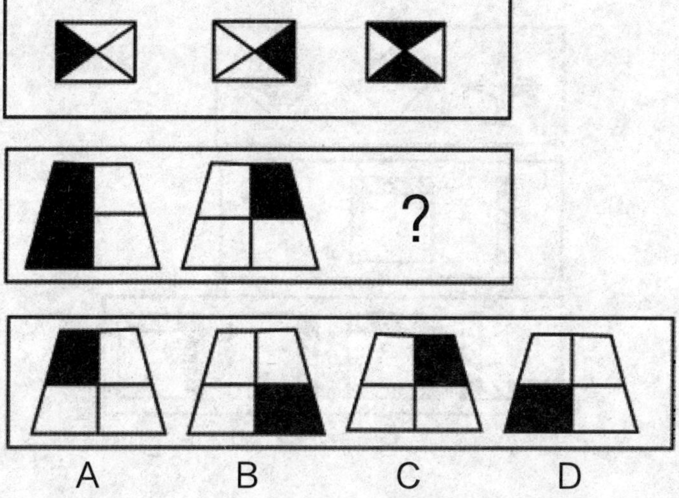

79 找找规律

根据所给图形的规律，问号处应该填什么图形？

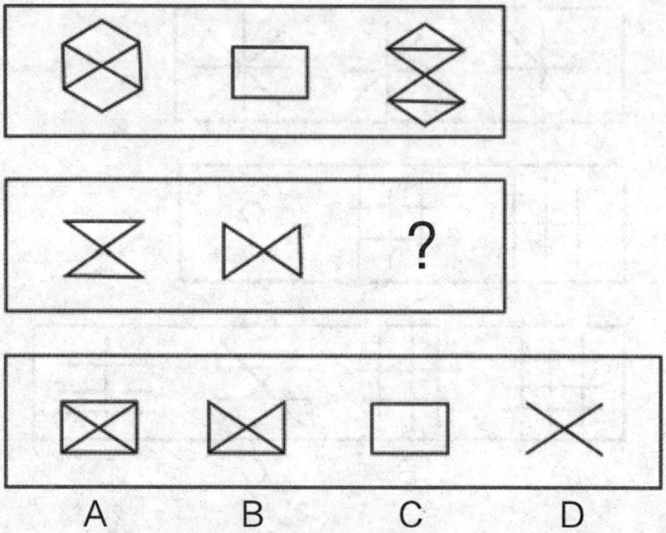

80 四角星

根据所给图形的规律，问号处应该填什么图形？

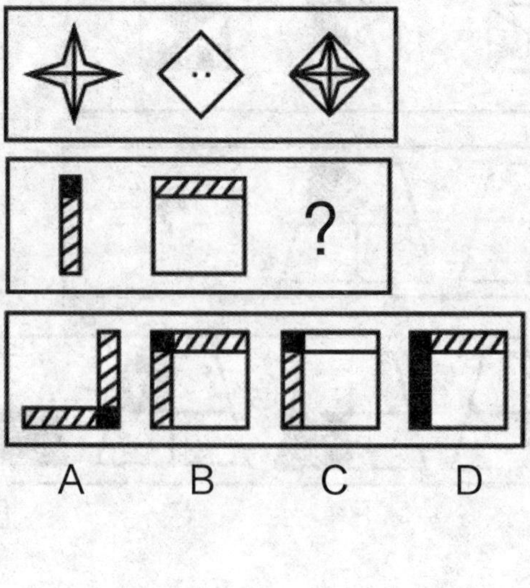

81 黑白网格

根据所给图形的规律，问号处应该填什么图形？

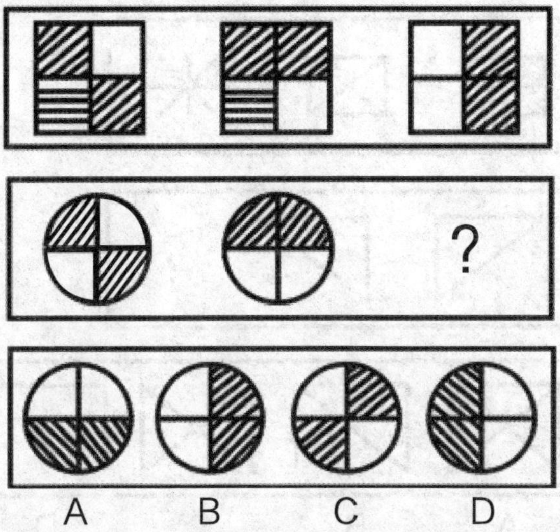

82 填什么图形

根据所给图形的规律，问号处应该填什么图形？

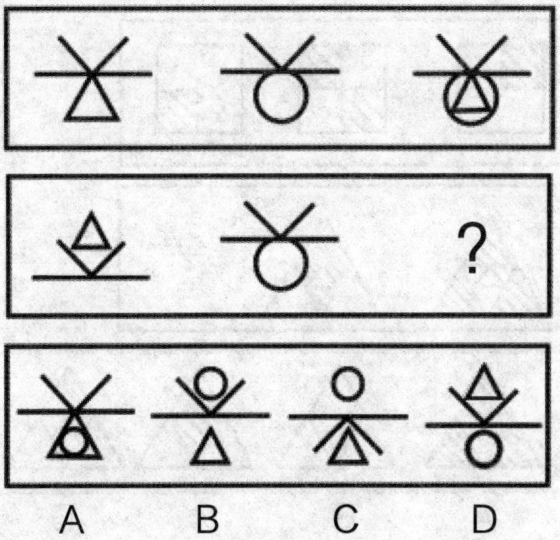

83 十字与三角

根据所给图形的规律，问号处应该填什么图形？

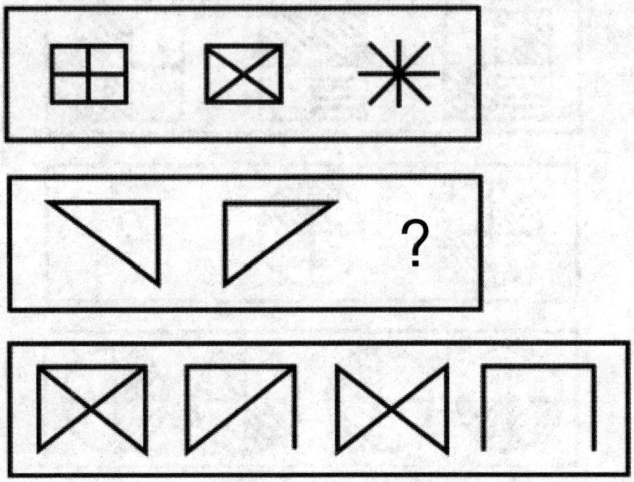

A　　B　　C　　D

84 黑白格

根据所给图形的规律，问号处应该填什么图形？

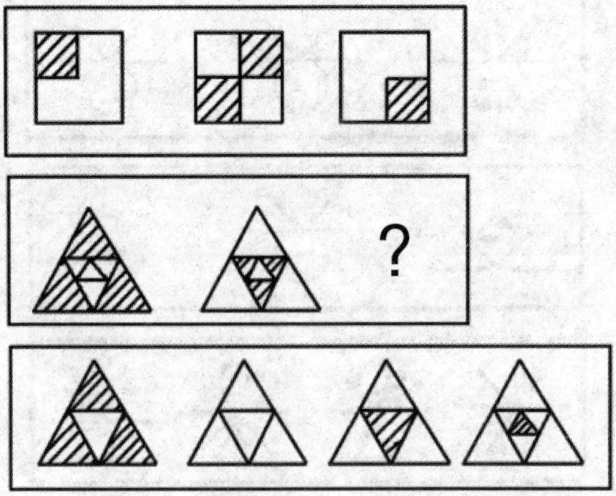

A　　B　　C　　D

85 花瓣和星星

根据所给图形的规律，问号处应该填什么图形？

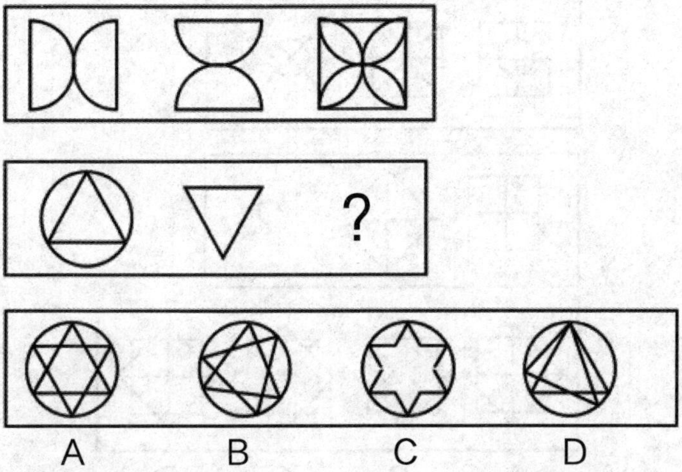

86 心形图案

根据所给图形的规律，问号处应该填什么图形？

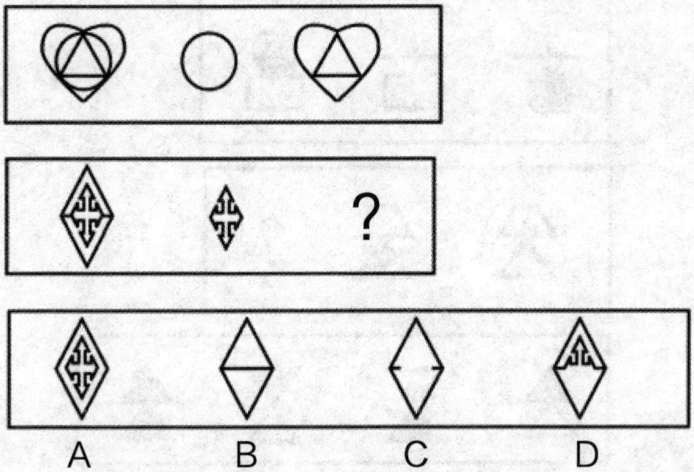

87 放　射

根据所给图形的规律，问号处应该填什么图形？

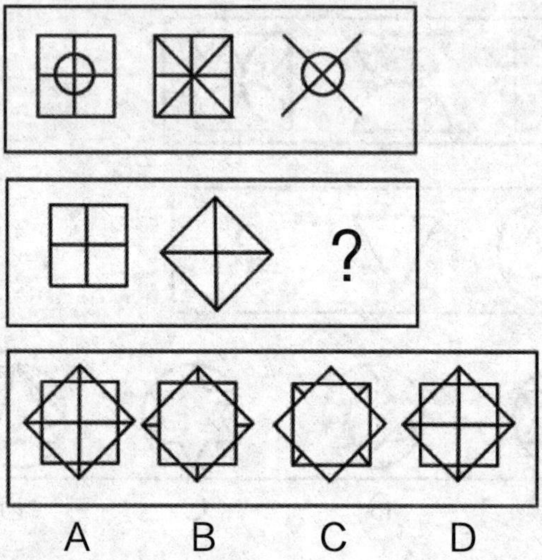

88 组合的图形

根据所给图形的规律，问号处应该填什么图形？

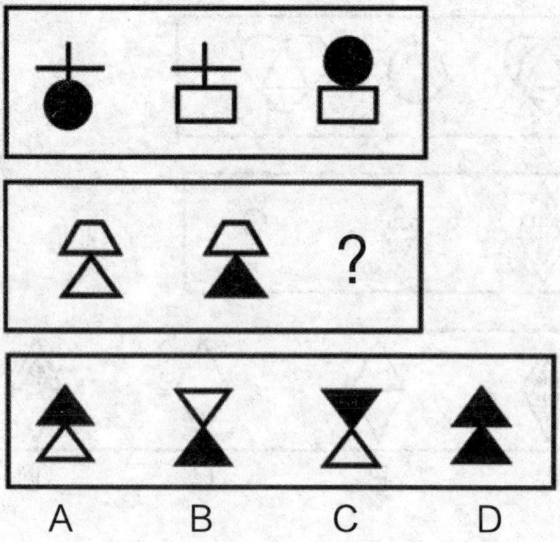

89 分散的圆弧

根据所给图形的规律，问号处应该填什么图形？

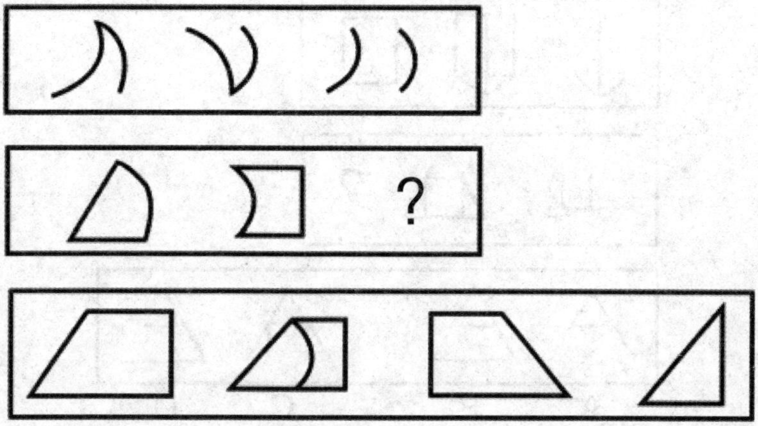

A　　B　　C　　D

90 三角和圆

根据所给图形的规律，问号处应该填什么图形？

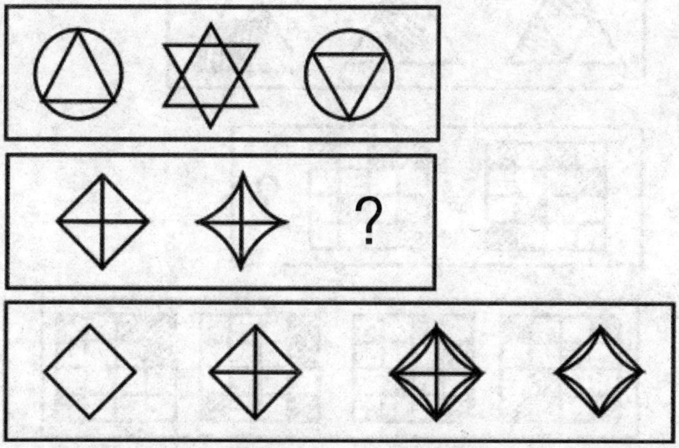

A　　B　　C　　D

91 简单的规律

根据所给图形的规律，问号处应该填什么图形？

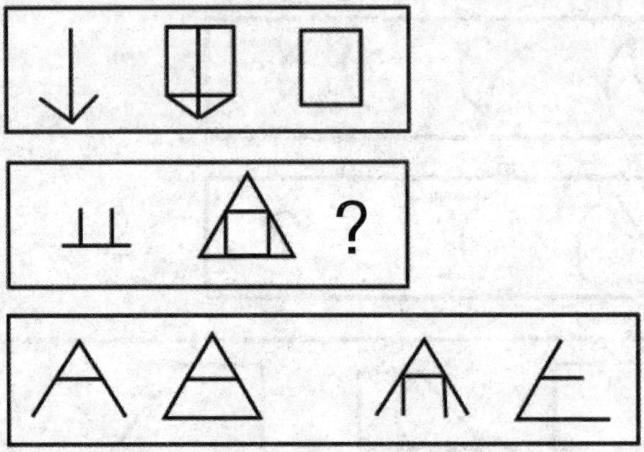

A　B　C　D

92 涂黑色块

根据所给图形的规律，问号处应该填什么图形？

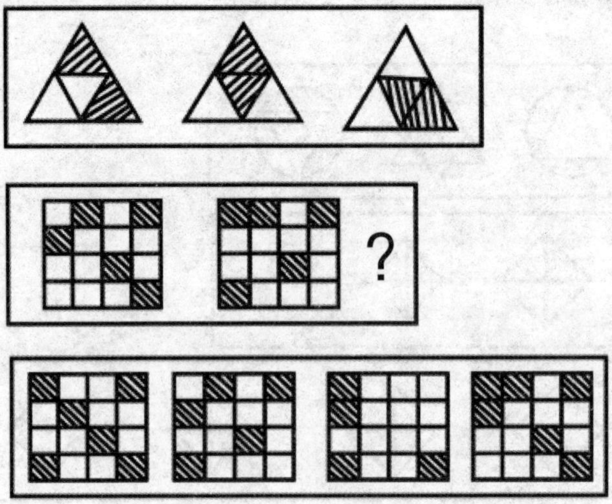

A　B　C　D

93 阴影方格

根据所给图形的规律，问号处应该填什么图形？

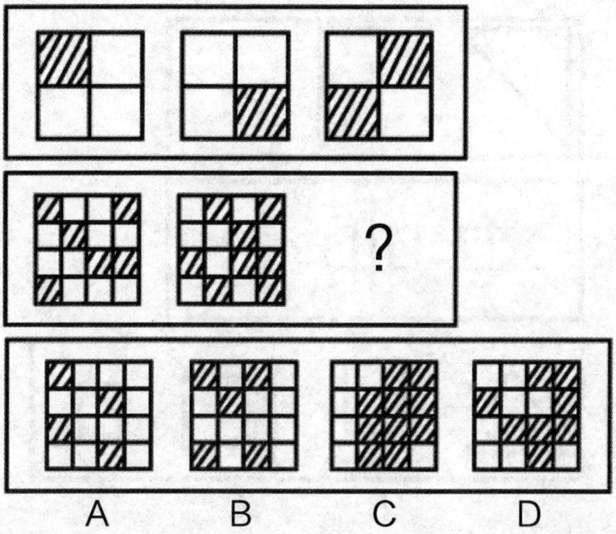

94 阴影的位置

根据所给图形的规律，问号处应该填什么图形？

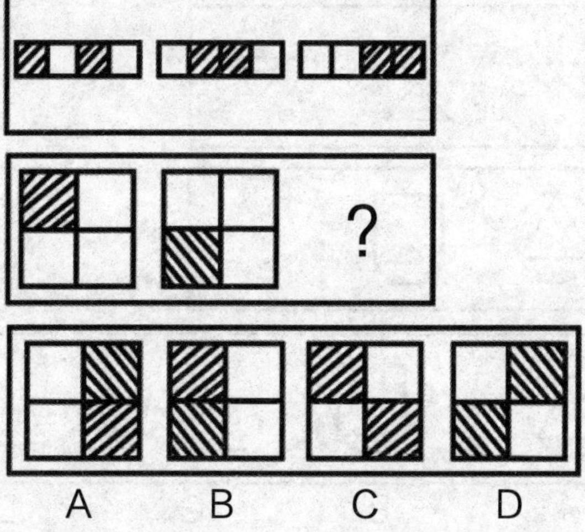

95 合二为一

根据所给图形的规律，问号处应该填什么图形？

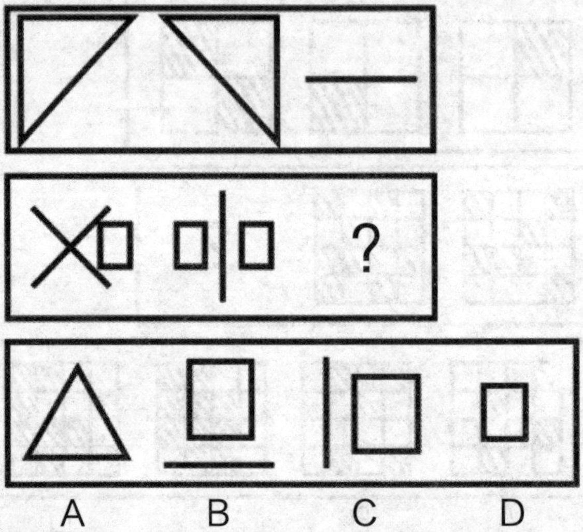

96 漏　斗

根据所给图形的规律，问号处应该填什么图形？

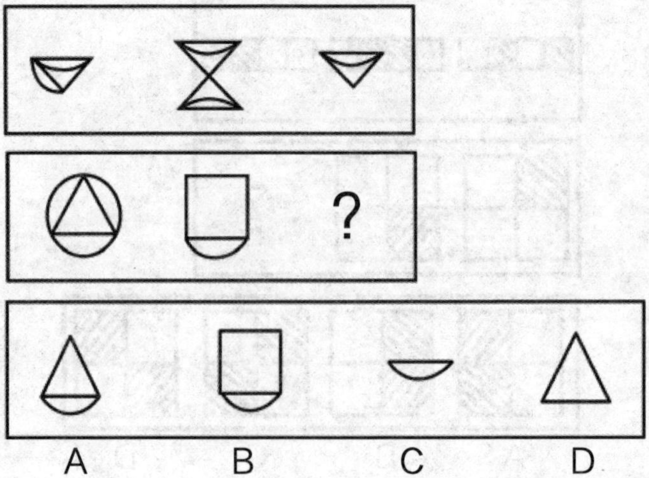

97 折　线

根据所给图形的规律，问号处应该填什么图形？

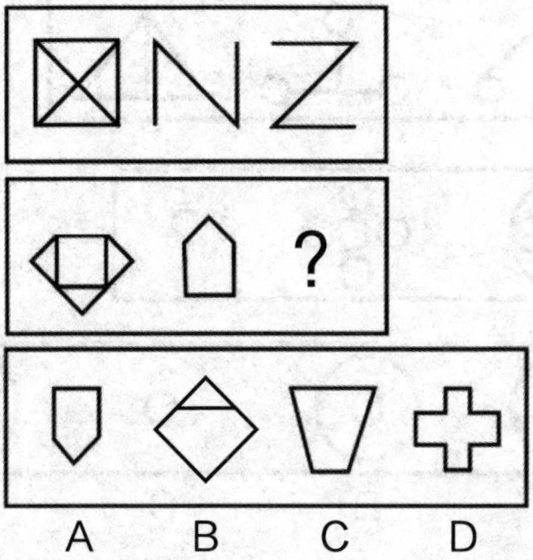

98 黑白三角

根据下图的规律，问号处应该填什么图案？

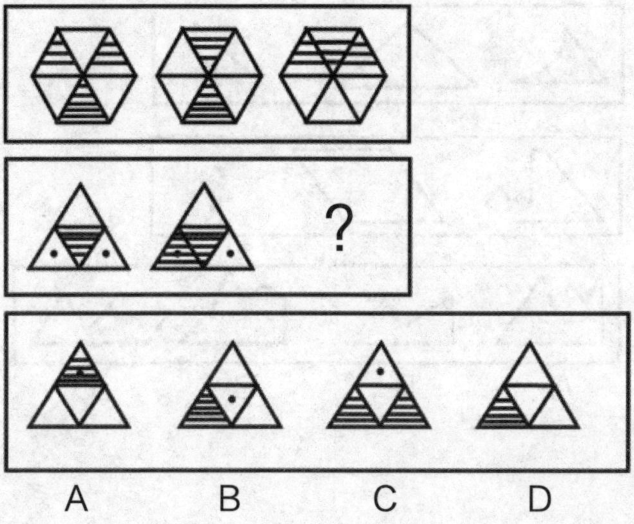

99 消失的圆圈

根据下图的规律，问号处应该填什么图案？

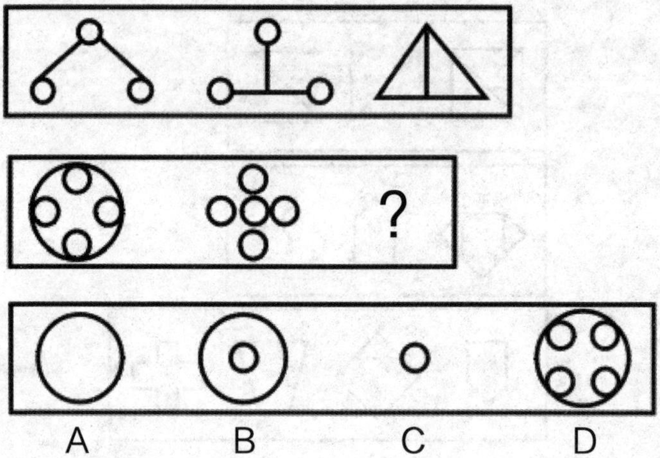

100 缺　口

根据下图的规律，问号处应该填什么图案？

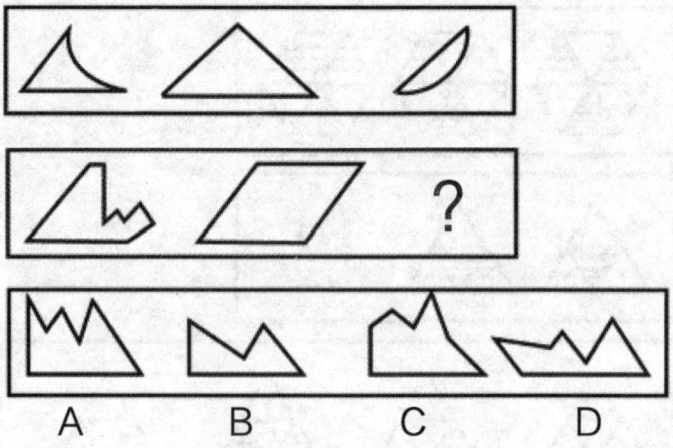

101 光与影

根据下图的规律，问号处应该填什么图案？

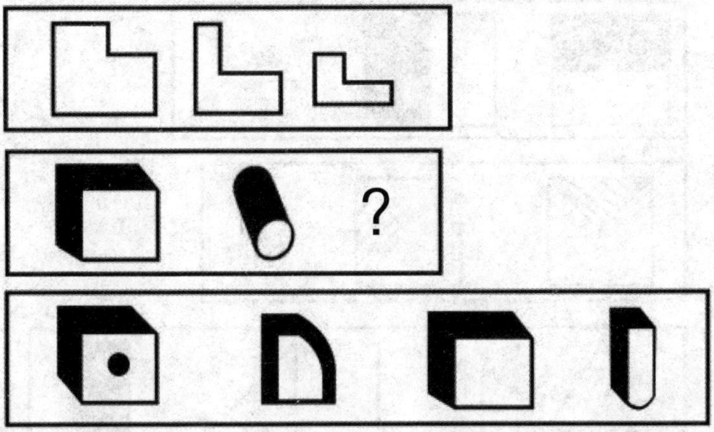

A　　B　　C　　D

102 阴　影

根据所给图形的规律，问号处应该填什么图形？

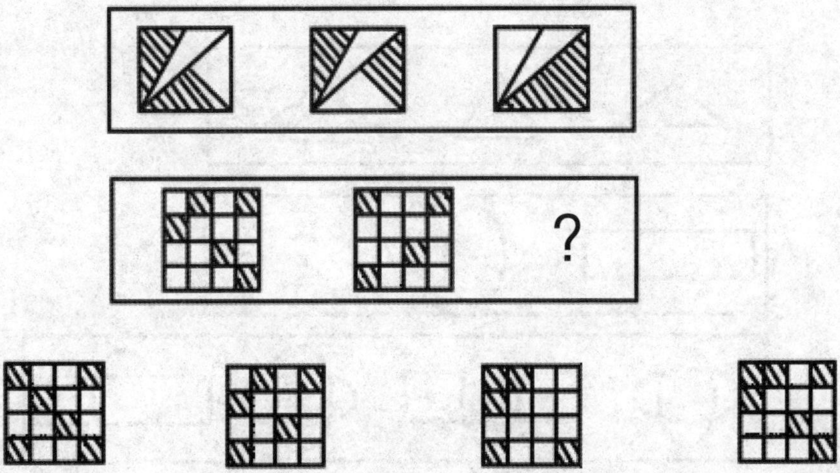

A　　B　　C　　D

103 正方形变换

根据所给图形的规律，问号处应该填什么图形？

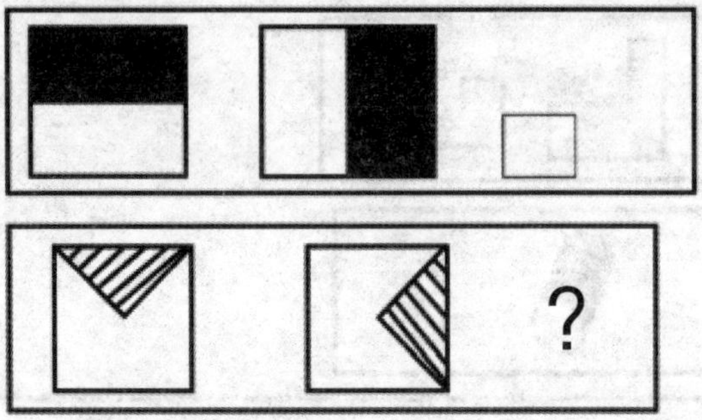

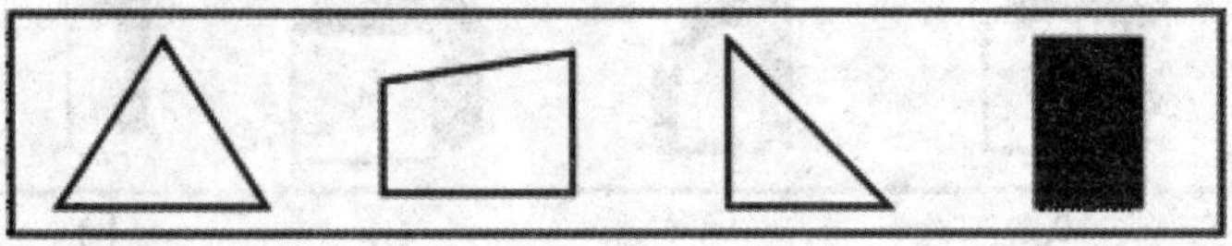

A　　B　　C　　D

104 三　角

根据所给图形的规律，问号处应该是什么图形？

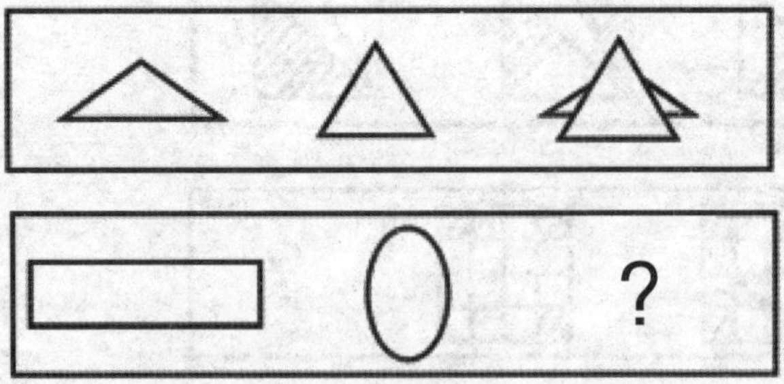

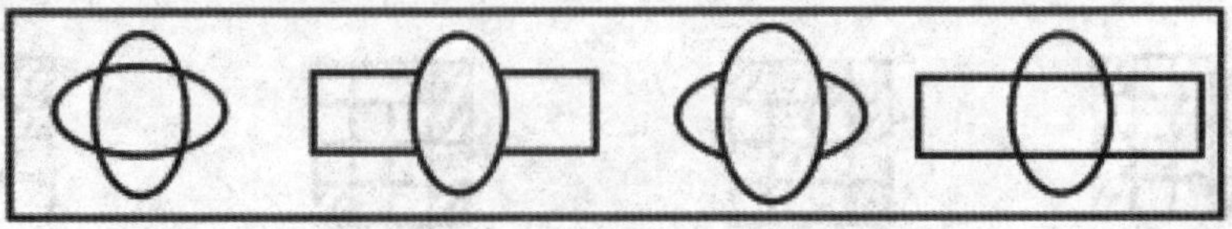

A　　B　　C　　D

105 共同的特点

根据所给图形的规律，问号处应该填什么图形？

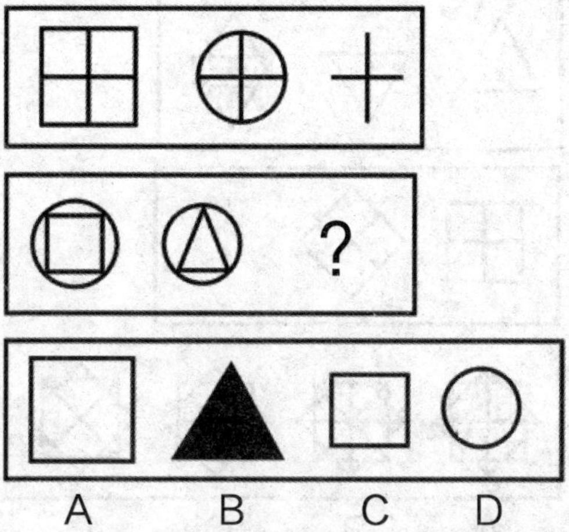

106 折线组合

根据所给图形的规律，问号处应该填什么图形？

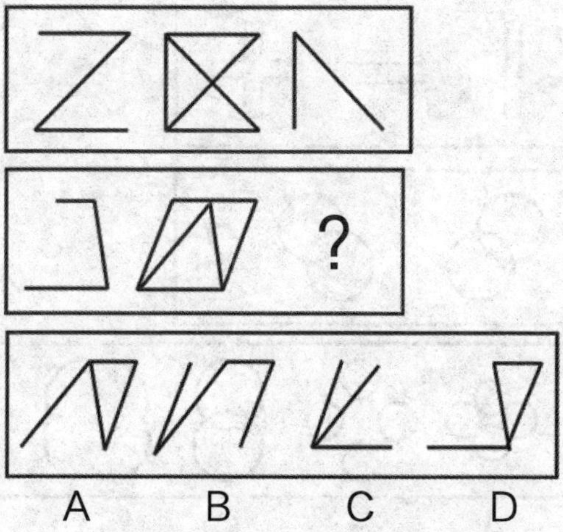

107 元素组合

根据所给图形的规律，问号处应该填什么图形？

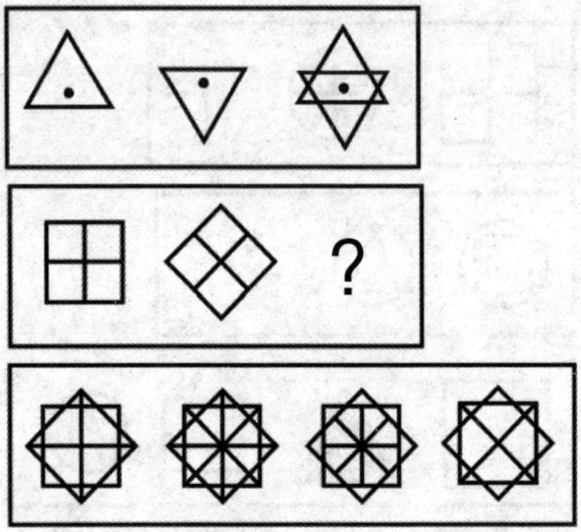

A　B　C　D

108 十字架

根据所给图形的规律，问号处应该填什么图形？

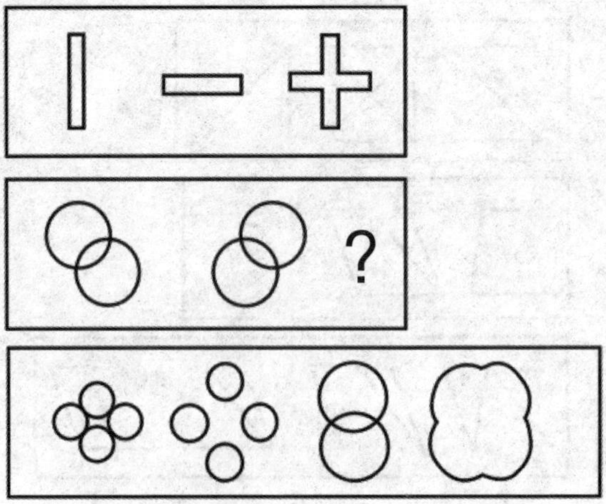

A　B　C　D

109 三角形与正方形

根据所给图形的规律，问号处应该填什么图形？

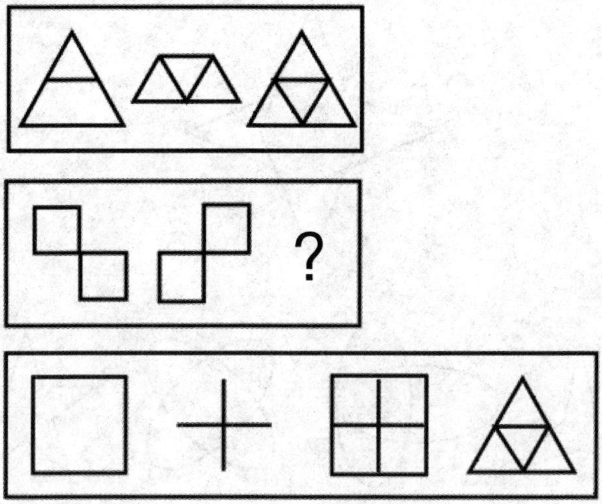

A　　B　　C　　D

110 直线组合

根据所给图形的规律，问号处应该填什么图形？

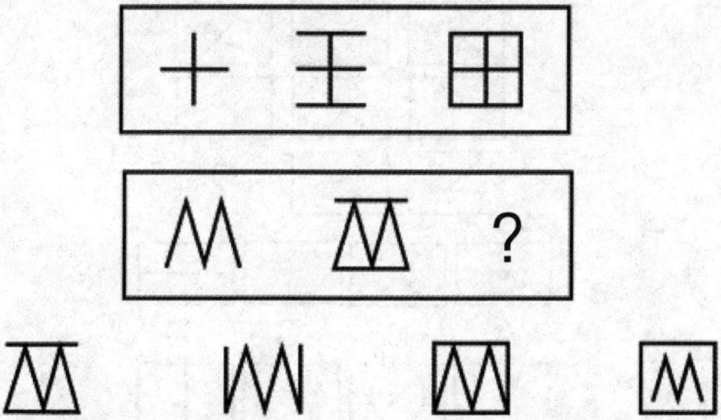

A　　B　　C　　D

111 近似图形

下列四个图形哪个与给出的图形最近似？

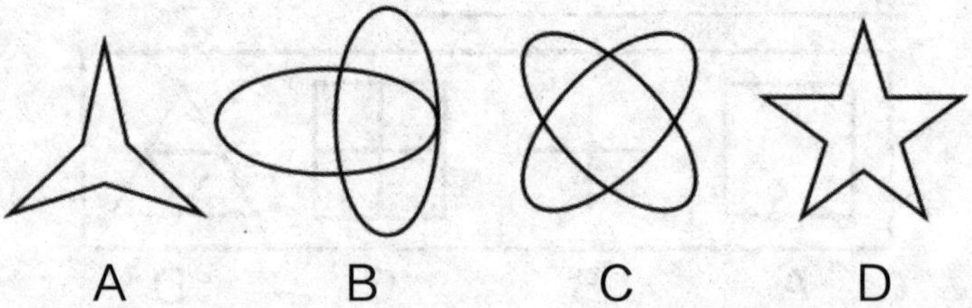

112 斜　线

从选项中找出一个图案填在问号处，使所给的九个图案符合某一特定的规律。

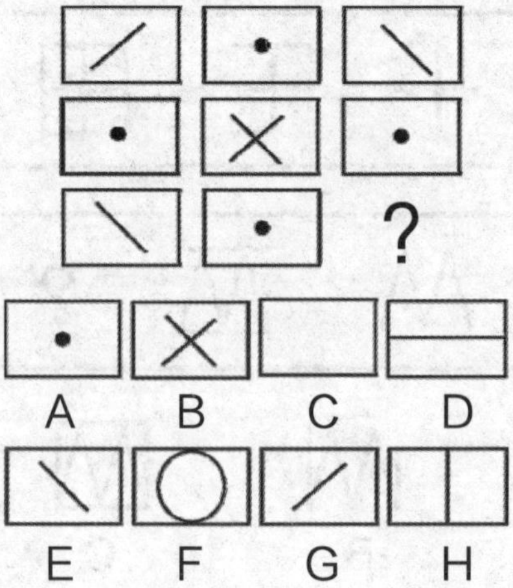

113 变化的方块

从选项中找出一个图案填在问号处，使所给的九个图案符合某一特定的规律。

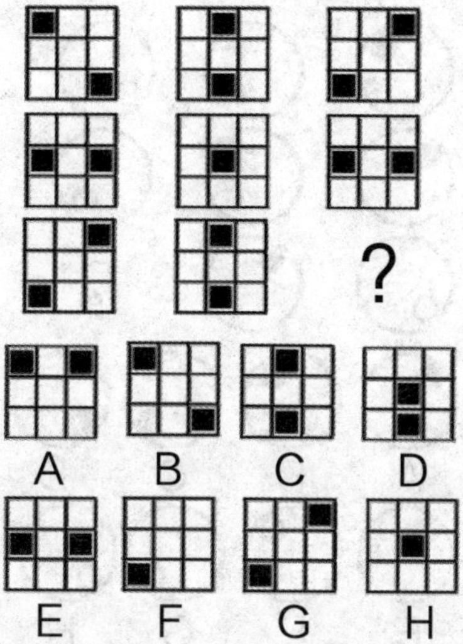

114 特定的规律

从选项中找出一个图案填在问号处，使所给的九个图案符合某一特定的规律。

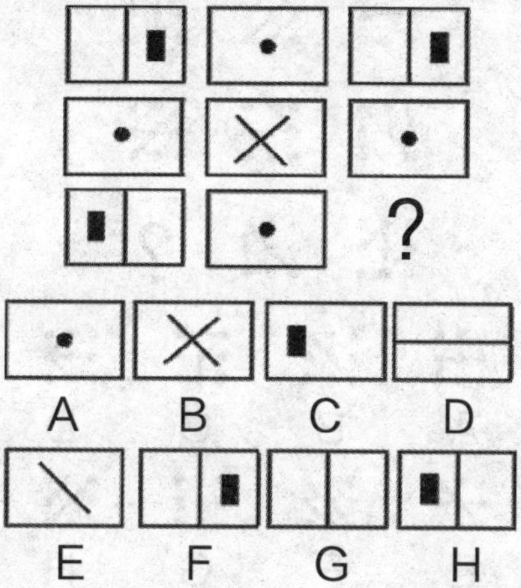

115 奇怪的眼睛

从选项中找出一个图案填在问号处，使所给的九个图案符合某一特定的规律。

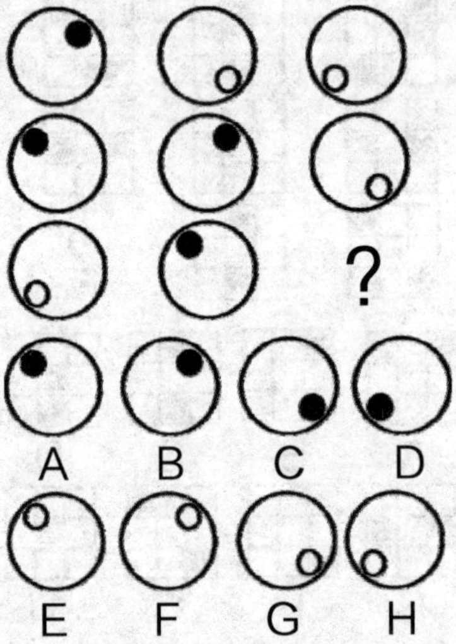

116 九点连线

从选项中找出一个图案填在问号处，使所给的九个图案符合某一特定的规律。

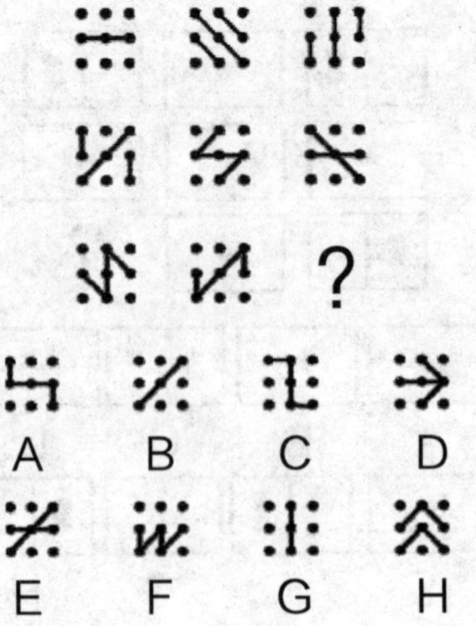

117 四条线段

从选项中找出一个图案填在问号处，使所给的九个图案符合某一特定的规律。

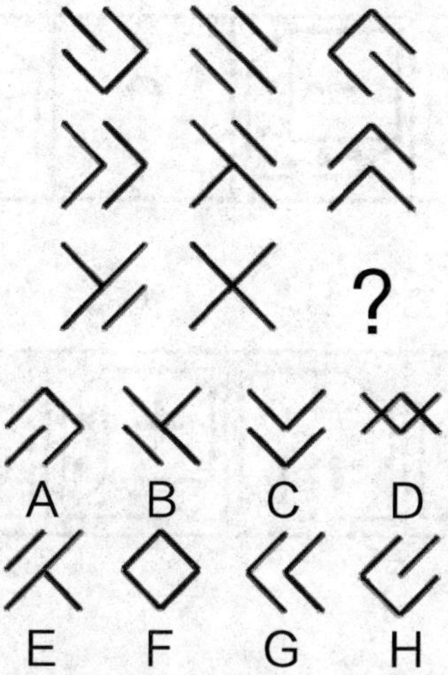

118 直线与斜线

根据所给图案的规律，空白处应该填什么？

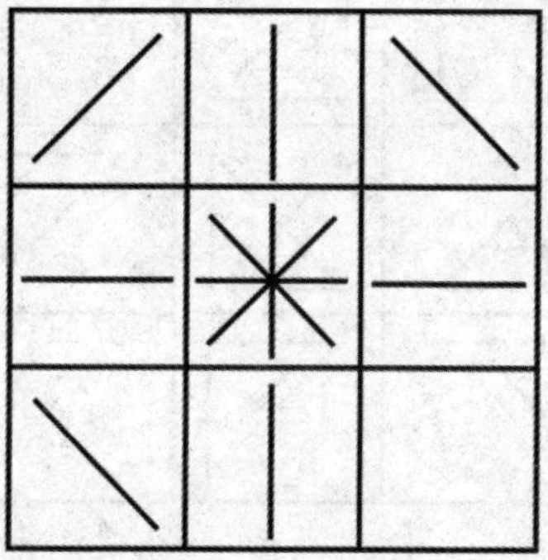

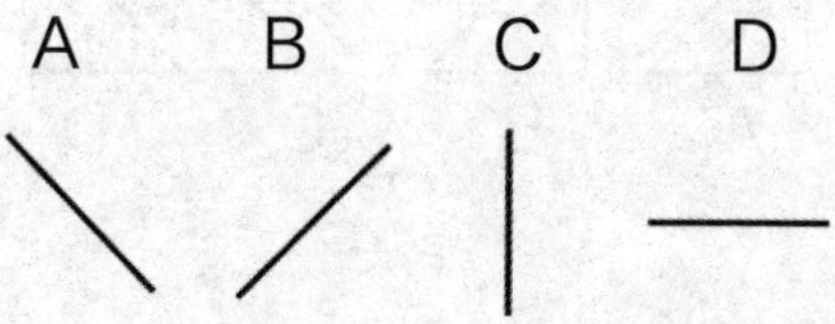

119 骰子对比

根据所给图案的规律，问号处应该填什么？

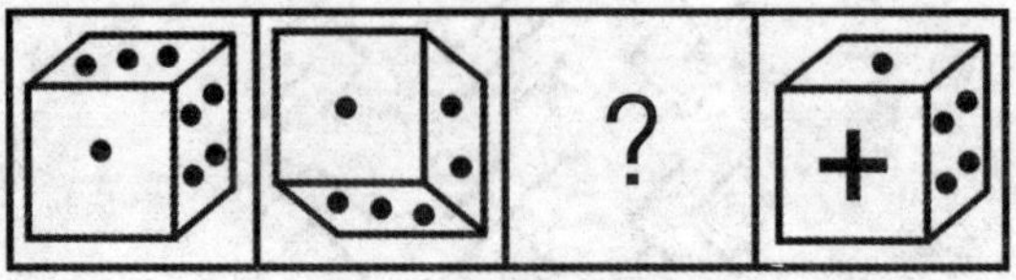

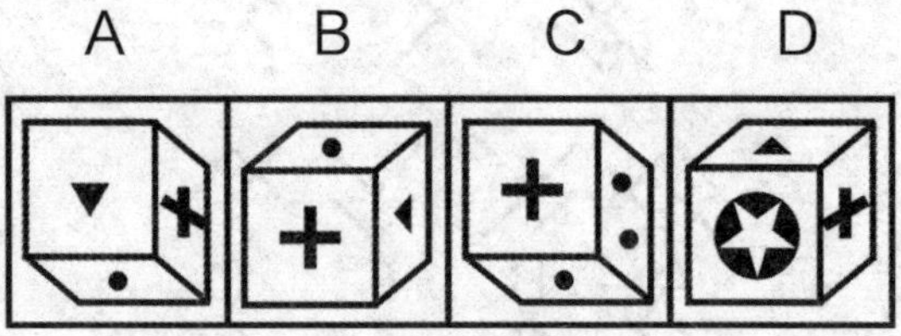

120 带箭头的三角

根据所给图案的规律，问号处应该填什么图案？

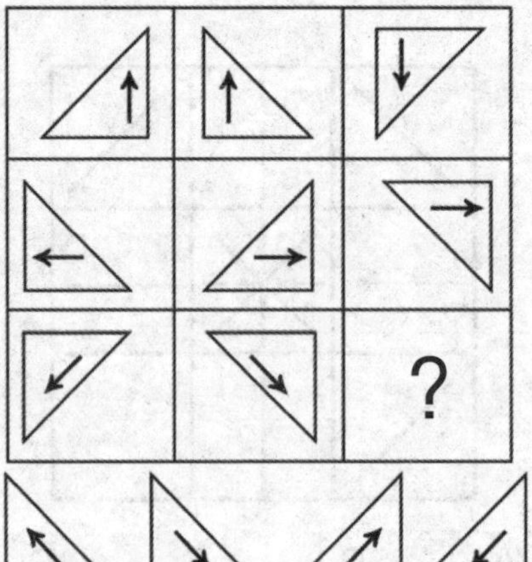

121 螺旋线

根据所给图案的规律，问号处应该填什么图案？

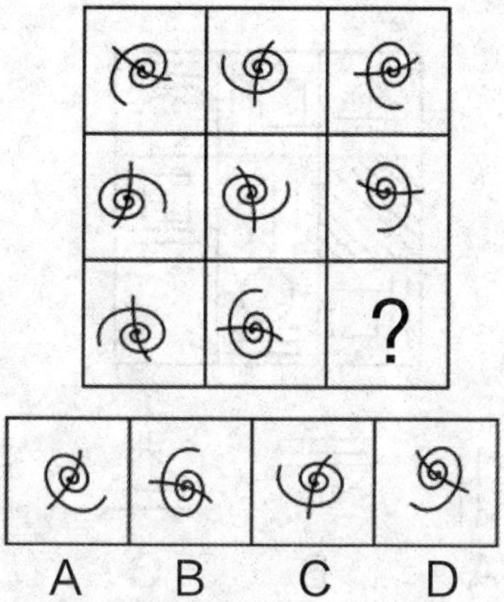

122 黑色方块

根据所给图案的规律，问号处应该填什么图案？

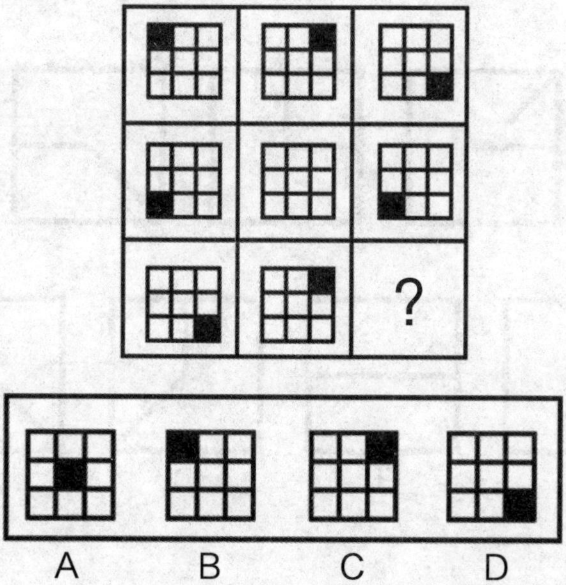

123 图形构成

根据所给图案的规律，空白处应该填什么图案？（图中斜线处为故意遮挡部分）

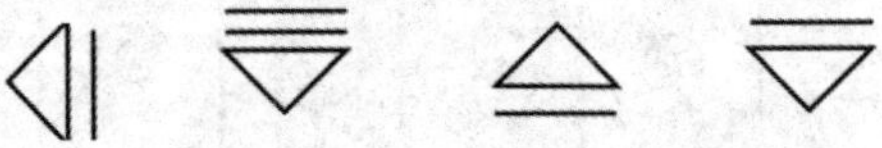

A　B　C　D

124 折　线

根据所给图案的规律，下一个位置应该填什么图案？

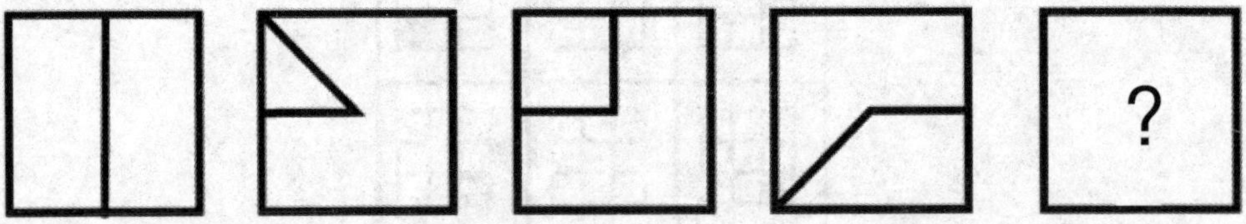

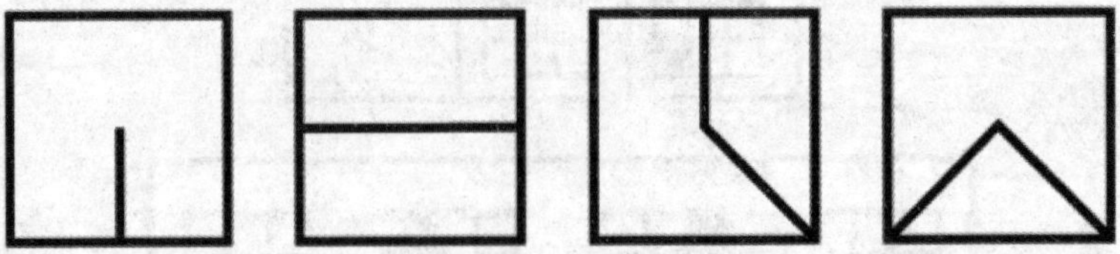

A　B　C　D

125 三角和圆圈

根据所给图案的变化规律，问号处的图应该是什么样子的？

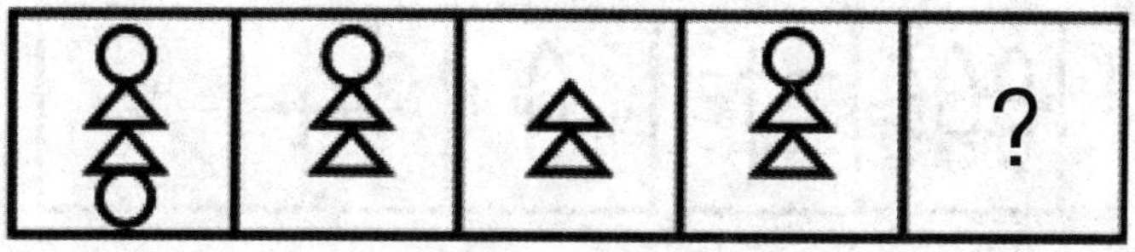

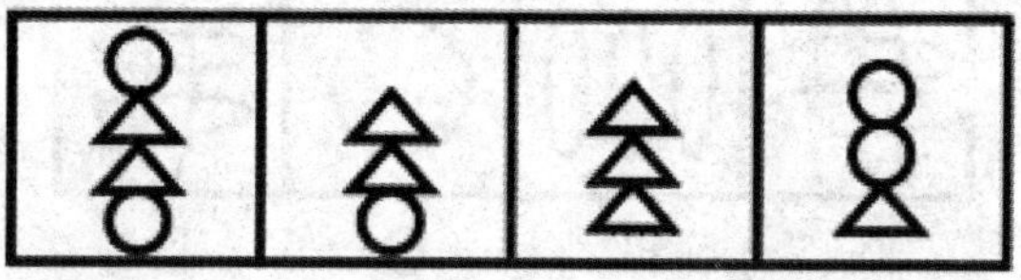

A　B　C　D

126 砖　头

按照所给图案的变化规律，问号处的图应该是什么样子的？

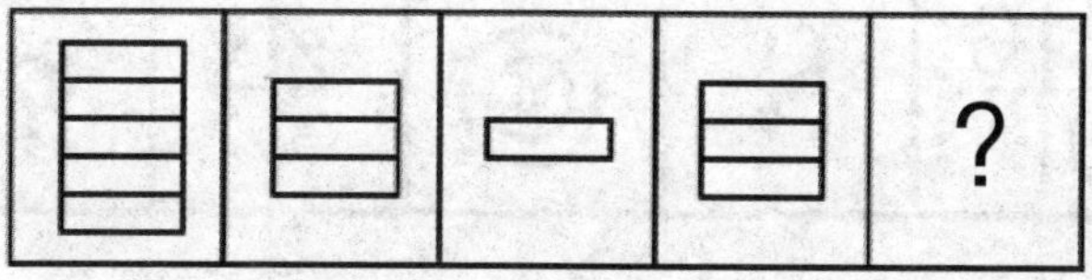

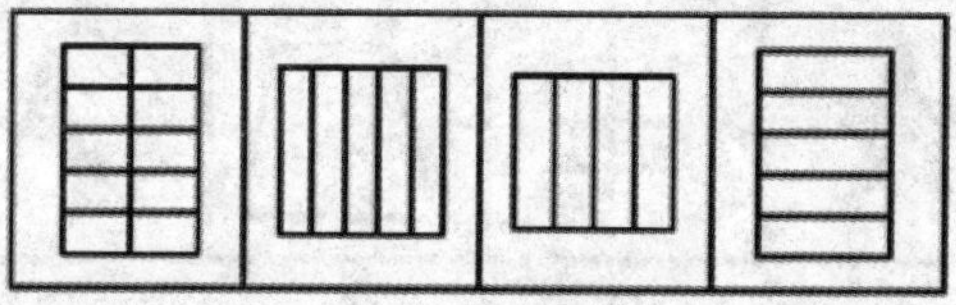

A　B　C　D

127 直线与椭圆

根据所给图案的规律，问号处的图形应该是哪个？

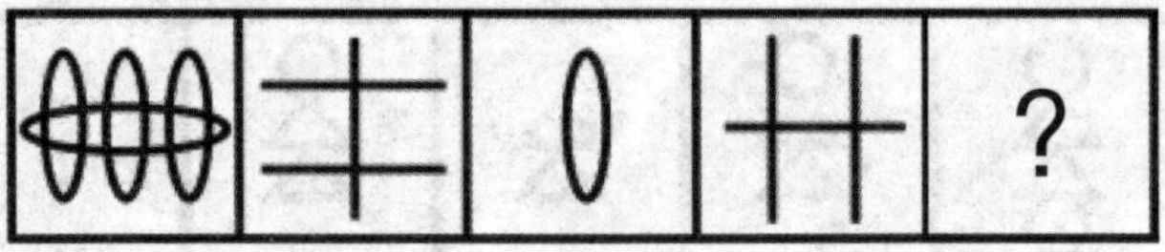

A　B　C　D

128 美丽的图案

根据所给图案的规律，问号处的图案应该是哪个？

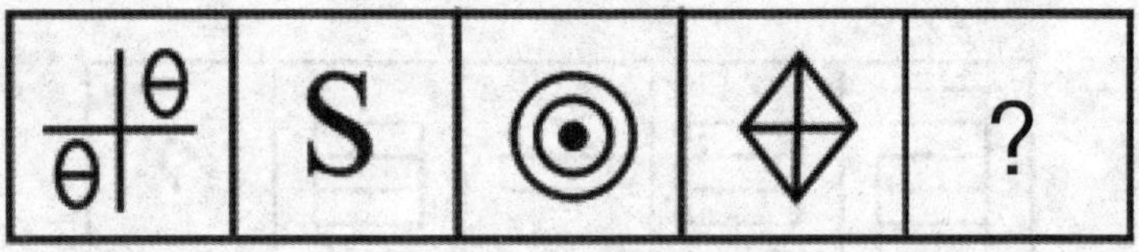

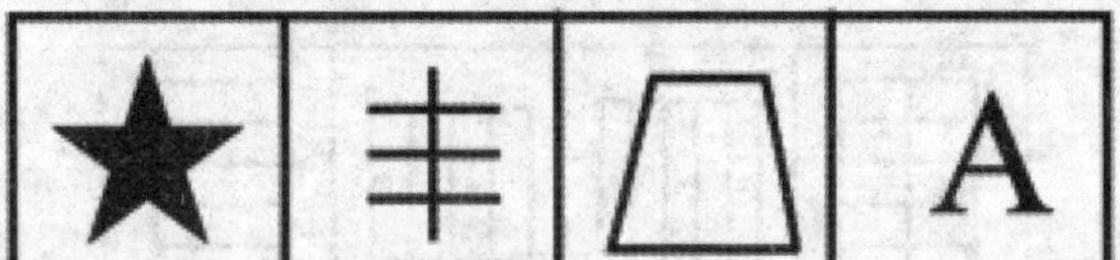

A　B　C　D

129 遮　挡

根据所给图案的规律，问号处的图案应该是哪个？

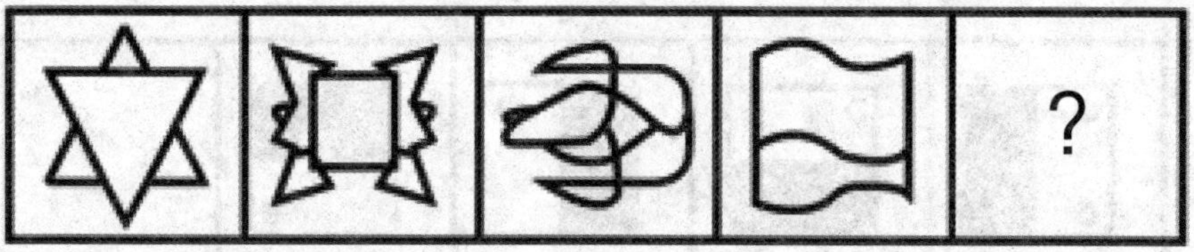

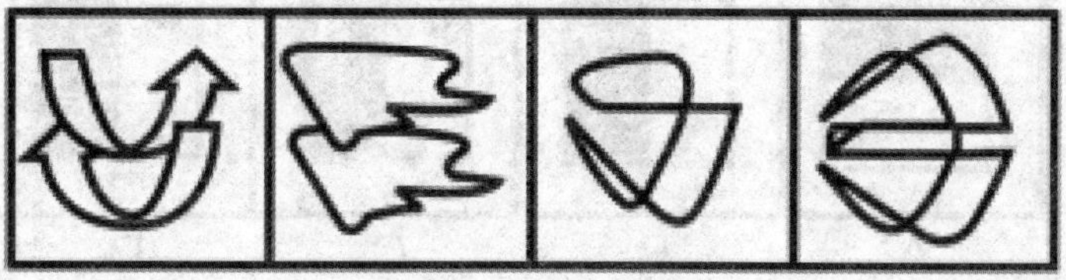

A　　B　　C　　D

130 雪　花

根据所给图案的规律，问号处的图案应该是哪个？

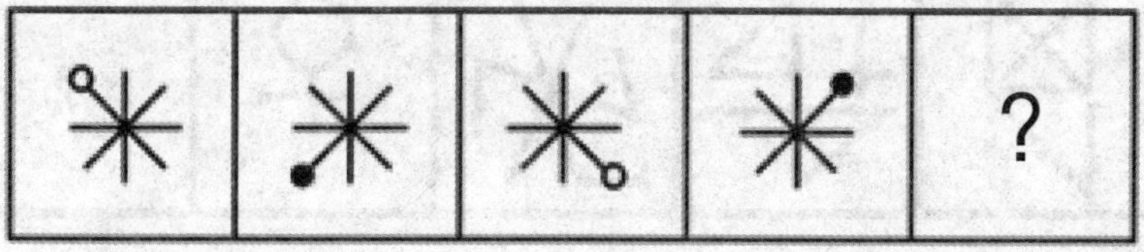

A　　B　　C　　D

131 双色板

根据所给图案的规律，问号处的图案应该是哪个？

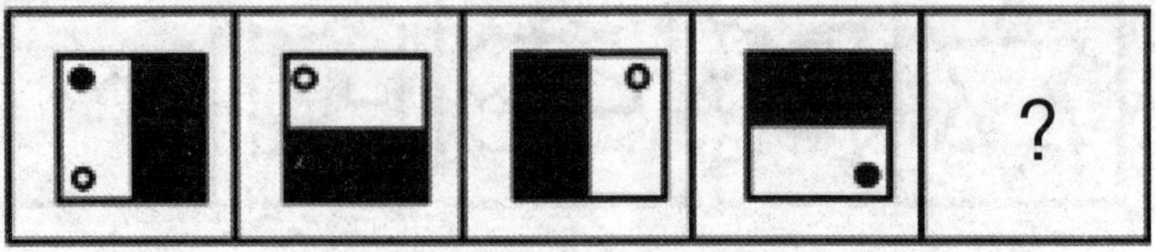

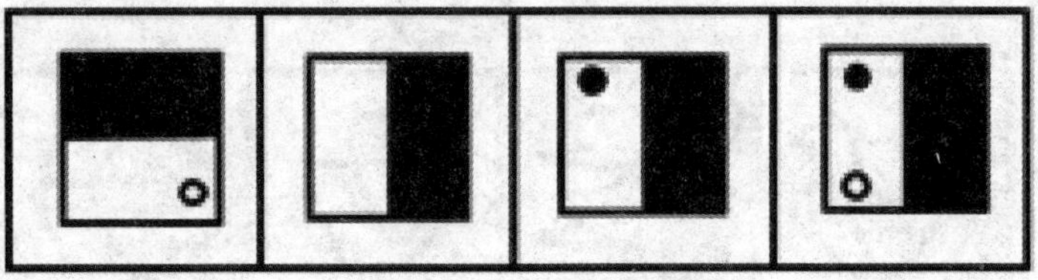

A　　B　　C　　D

132 线条与汉字

根据所给图案的规律，问号处的图案应该是哪个？

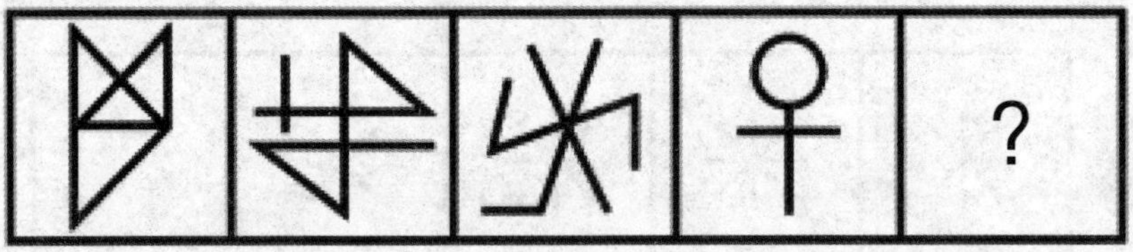

A	B	C	D
天	红	地	黄

133 共同的特点

根据下图的规律，问号处的图形应该是哪个？

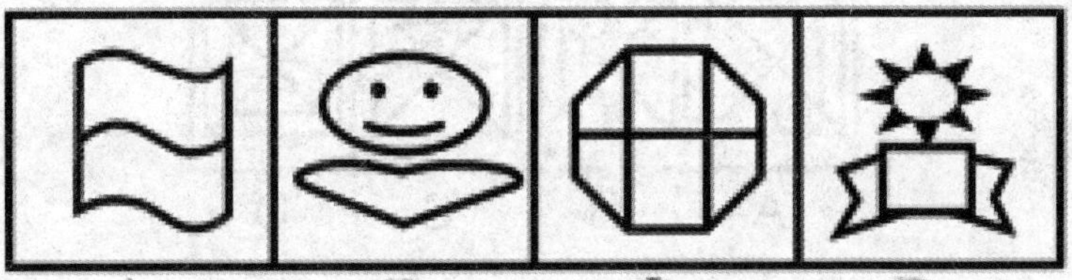

A　　B　　C　　D

134 旋转的角度

根据所给图案的规律，问号处的图案应该是哪个？

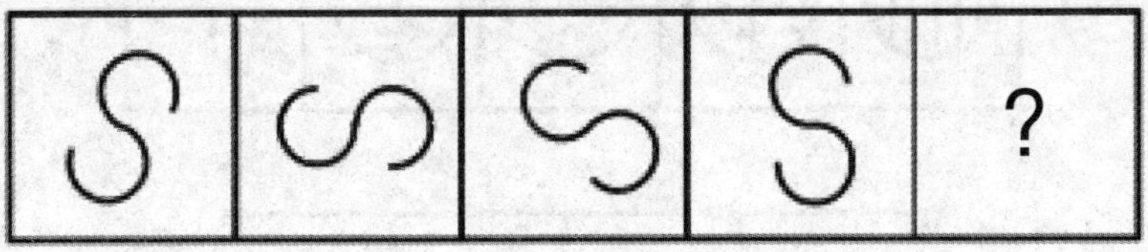

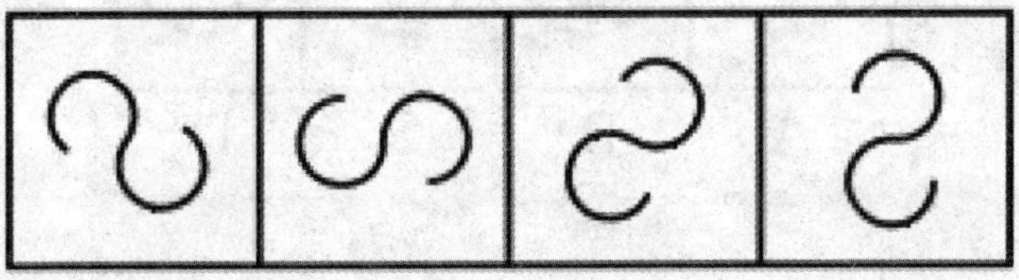

A　　B　　C　　D

135 分割的正方形

根据所给图案的规律，问号处的图案应该是哪个？

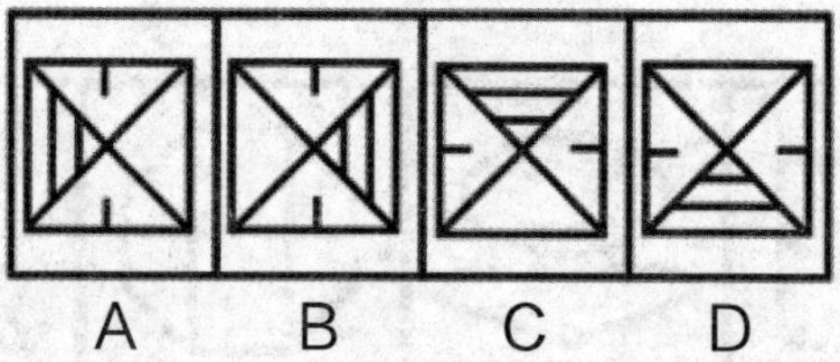

136 灰色半圆

根据所给图案的规律，问号处的图案应该是哪个？

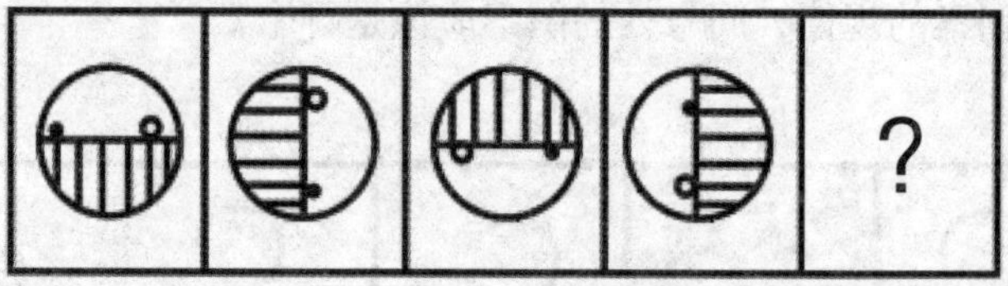

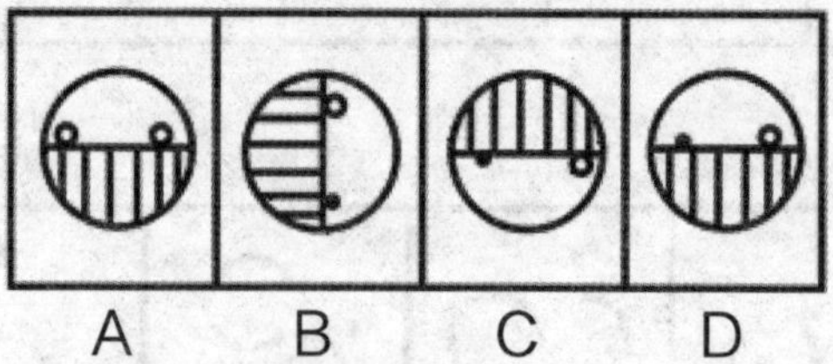

137 椭圆阵列

根据所给图案的规律，问号处的图案应该是哪个？

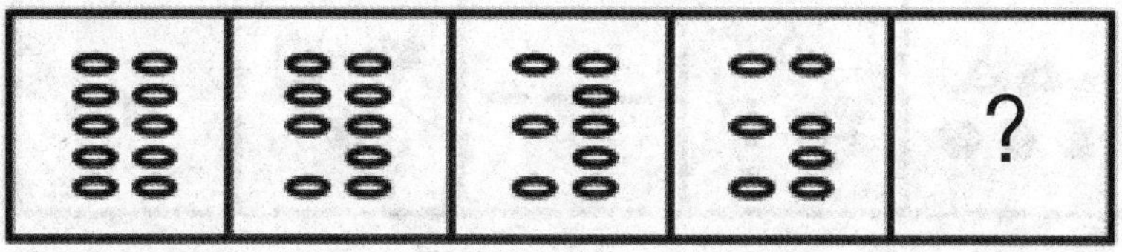

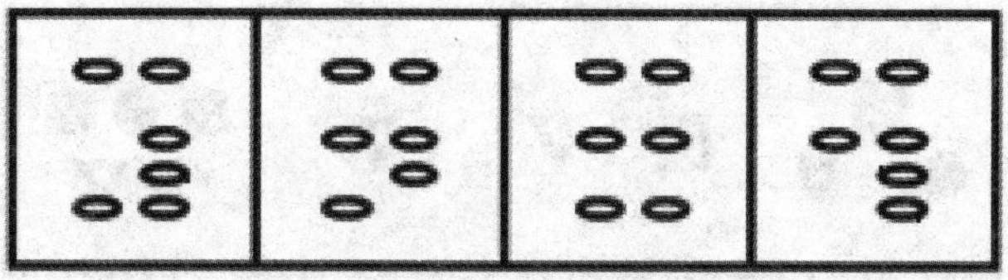

A　　B　　C　　D

138 双层图案

根据所给图案的规律，问号处的图案应该是哪个？

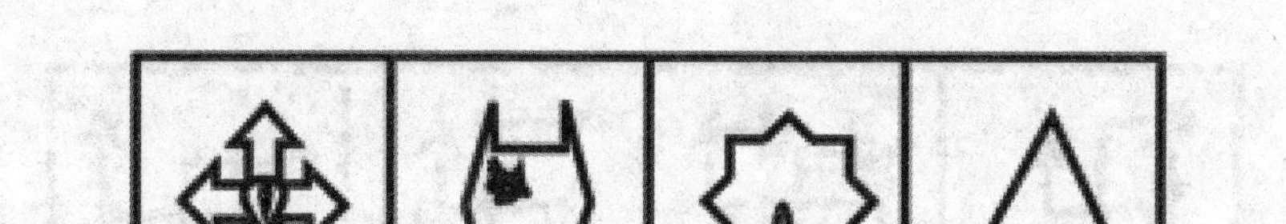

A　　B　　C　　D

139 有什么规律

根据所给图案的规律，问号处的图案应该是哪个？

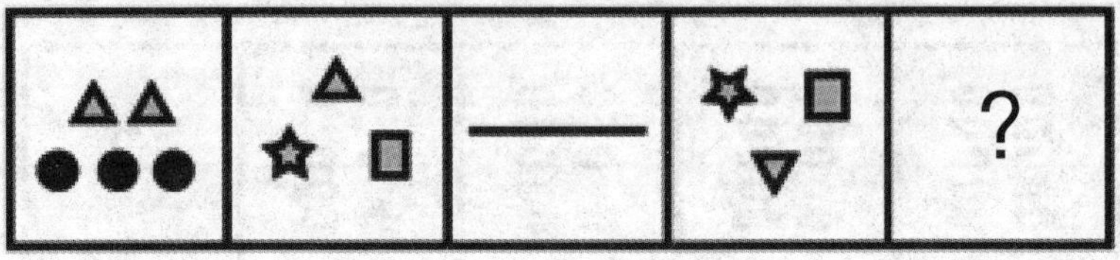

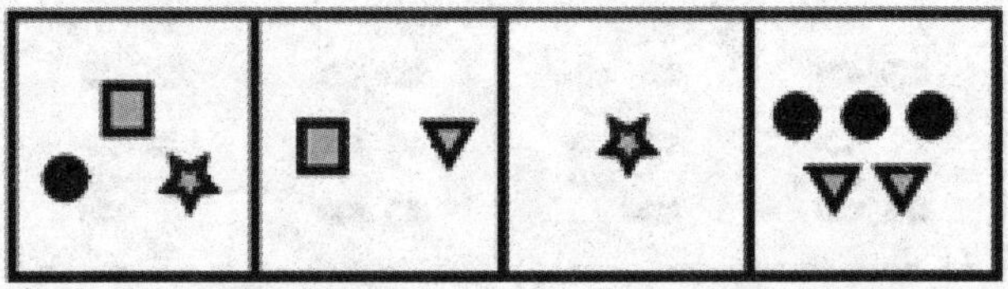

A　B　C　D

140 转弯的箭头

根据所给图案的规律，问号处的图案应该是哪个？

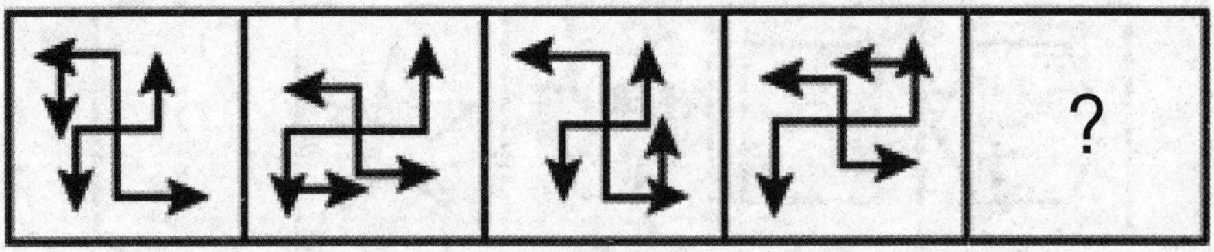

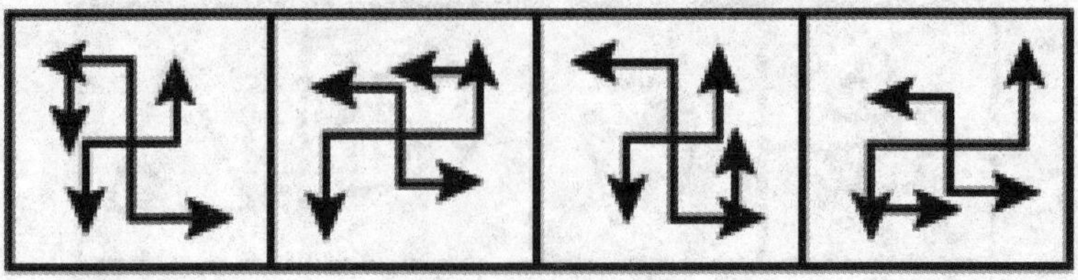

A　B　C　D

141 图形组合

根据所给图案的规律，问号处应该填什么图案？

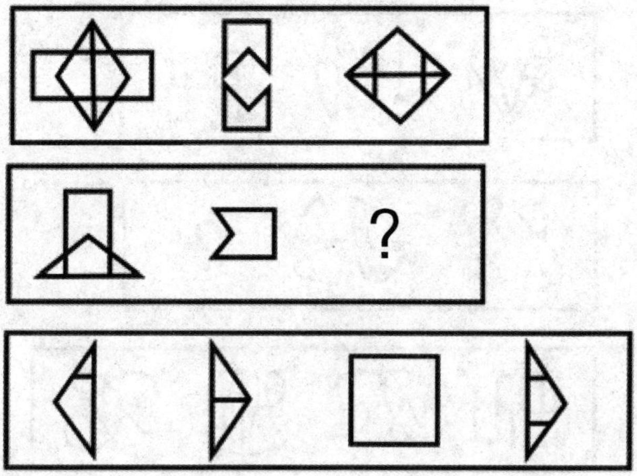

A　　B　　C　　D

142 字母也疯狂

根据所给字母的规律，问号处应该填什么字母？

m	B	d	
F	a	?	
E	g	h	n
A	B	C	D

143 没规律的线条

根据所给图案的规律，问号处应该填什么图案？

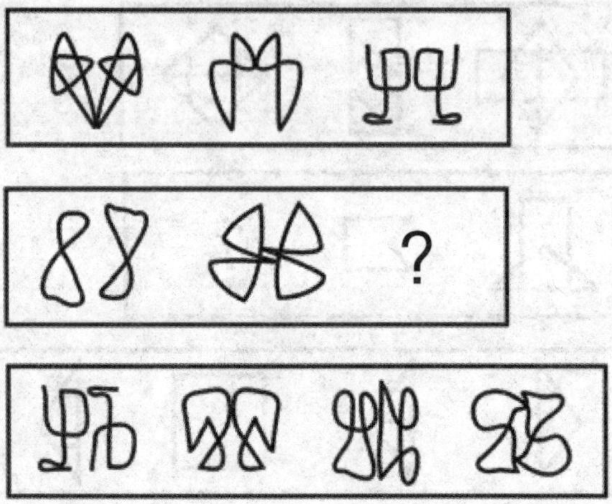

A B C D

144 圆圈与三角

根据所给图案的规律，问号处应该填什么图案？

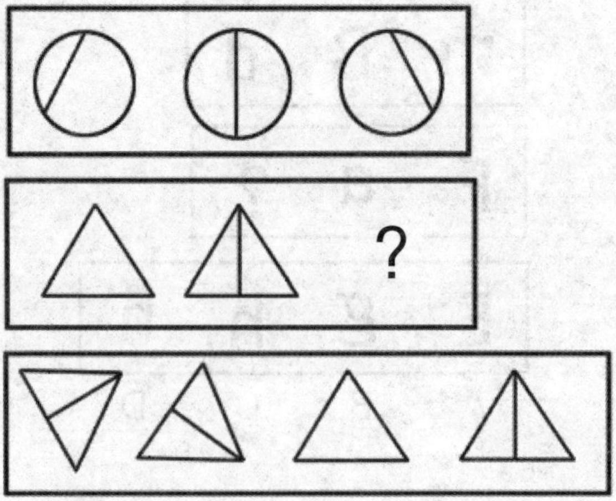

A B C D

145 轮　廓

根据所给图案的规律，问号处应该填什么图案？

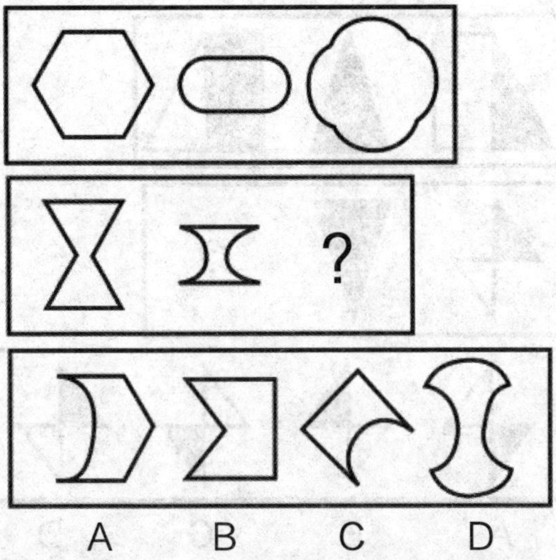

146 带斜线的三角

根据所给图案的规律，问号处应该填什么图案？

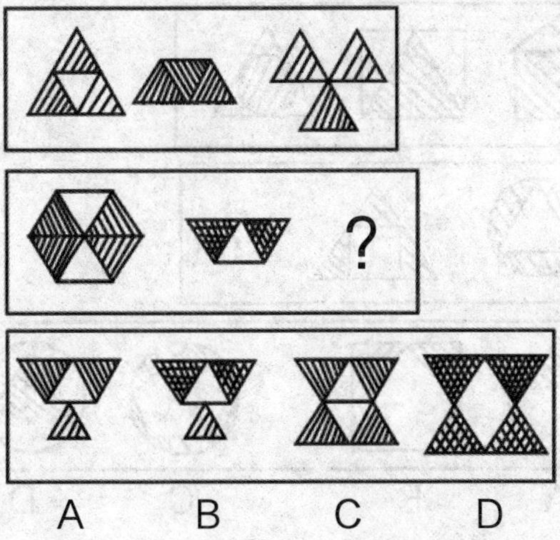

147 双色拼图

根据所给图案的规律，问号处应该填什么图案？

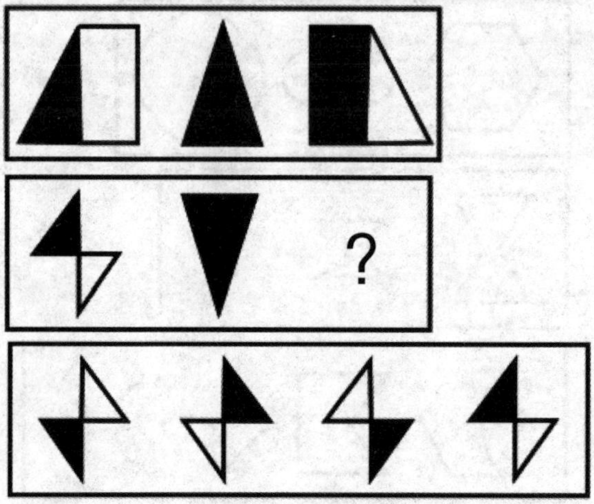

A　B　C　D

148 阴影图形

根据所给图案的规律，问号处应该填什么图案？

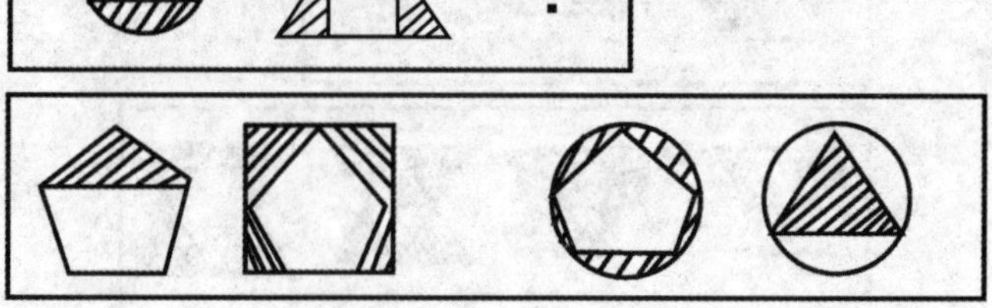

A　B　C　D

149 另类箭头

根据所给图案的规律，问号处应该填什么图案？

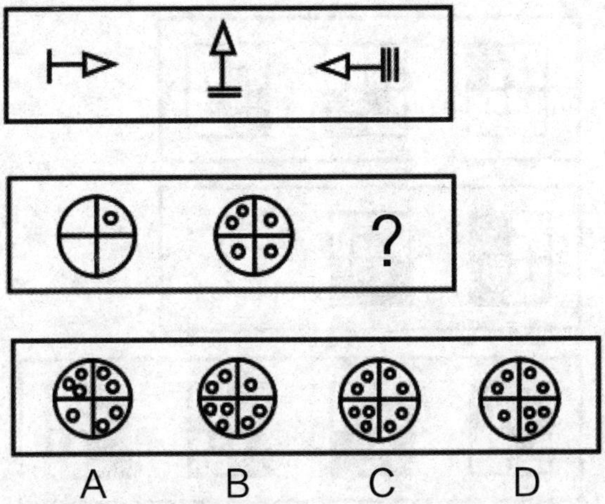

150 奇怪的旋转

根据所给图案的规律，问号处应该填什么图案？

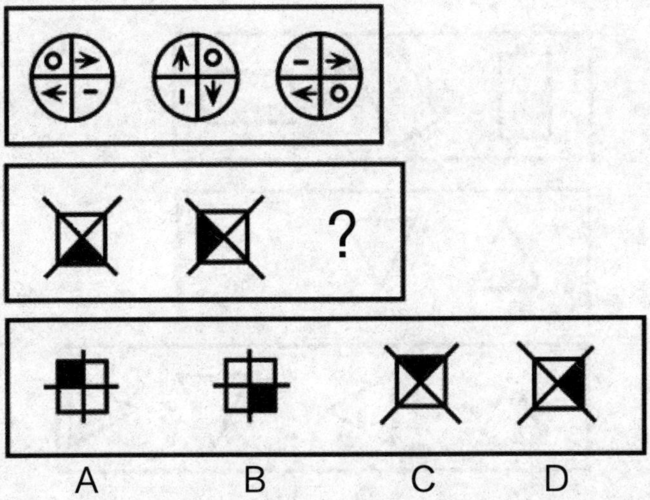

151 黑白方格

根据所给图案的规律，问号处应该填什么图案？

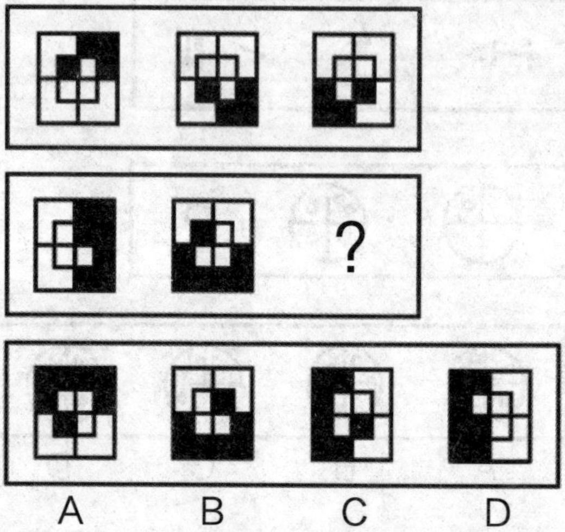

152 砖　块

根据所给图案的规律，问号处应该填什么图案？

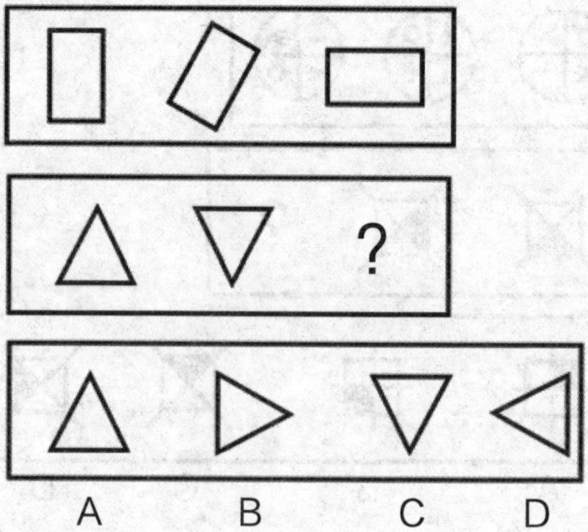

153 变 形

根据所给图案的规律，问号处应该填什么图案？

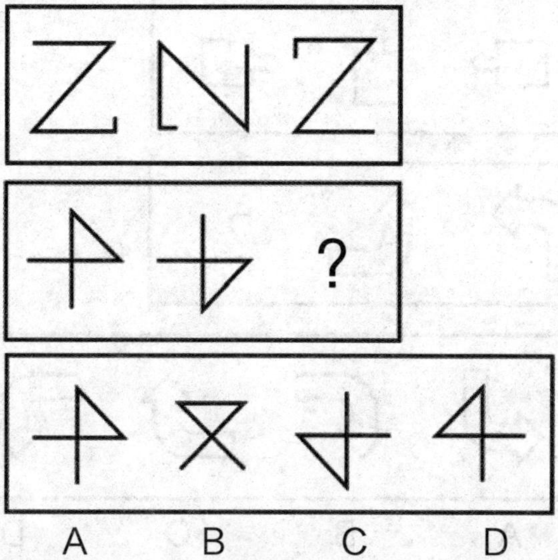

154 黑白方块

根据所给图案的规律，问号处应该填什么图案？

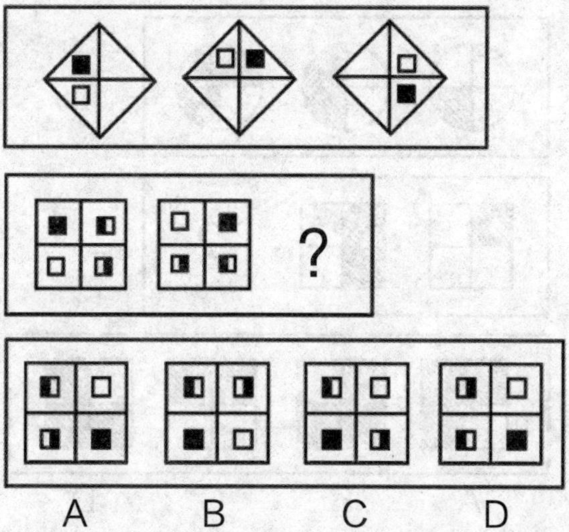

155 不一样的箭头

根据所给图案的规律，问号处应该填什么图案？

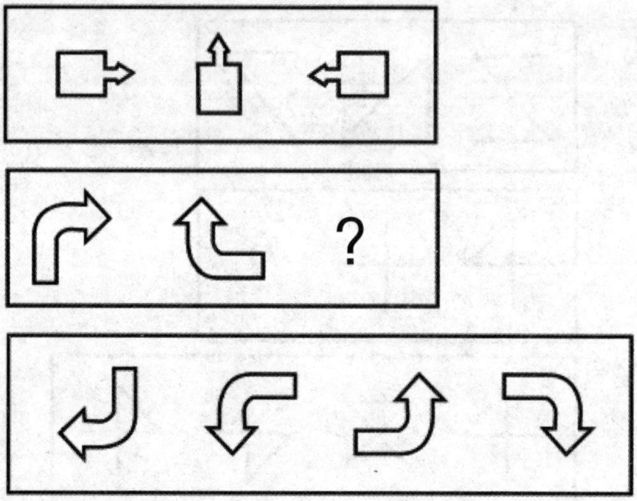

A　B　C　D

156 阴　影

根据所给图案的规律，问号处应该填什么图案？

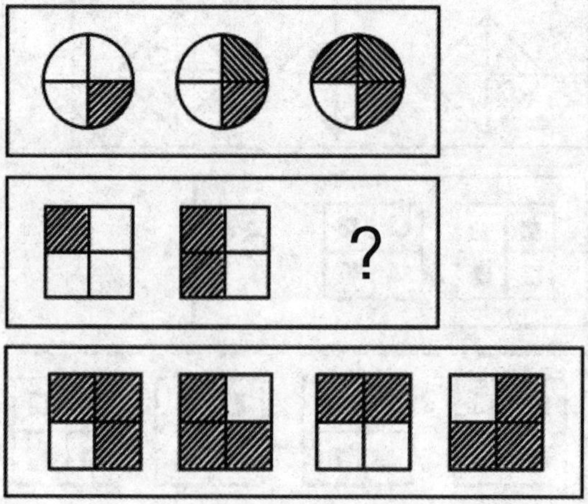

A　B　C　D

157 两个方块

根据所给图案的规律，问号处应该填什么图案？

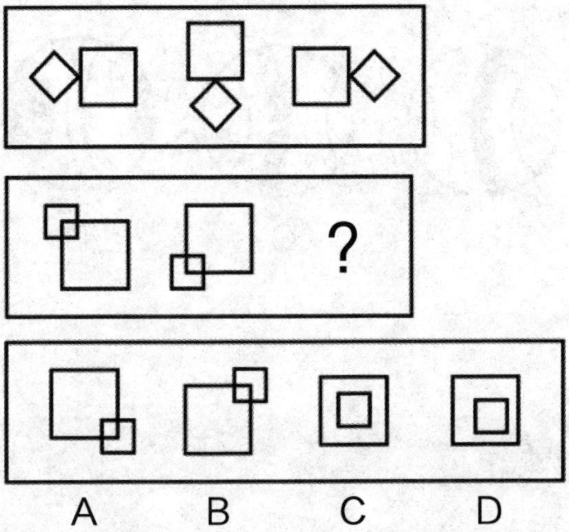

158 旋　转

仔细观察前面五幅图的变化规律，确定最后一幅图中的心形应该标在哪里？

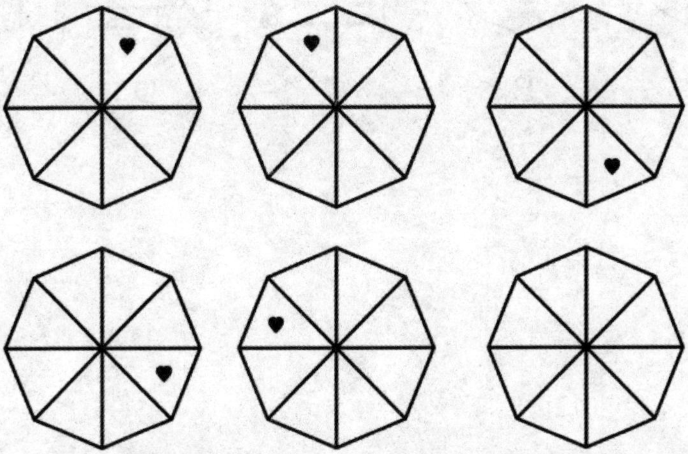

159 两两对应

下面的五幅图中，其中四幅图两两对应，请找出余下那幅图是哪个？

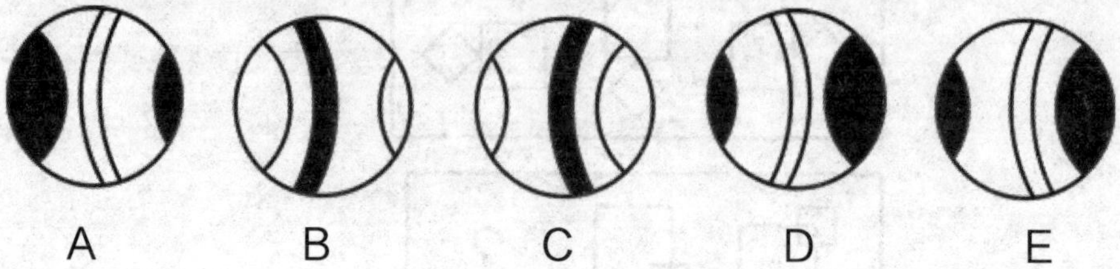

160 与众不同

下面的五幅图中，有一幅与众不同，请找出这幅图是哪个？

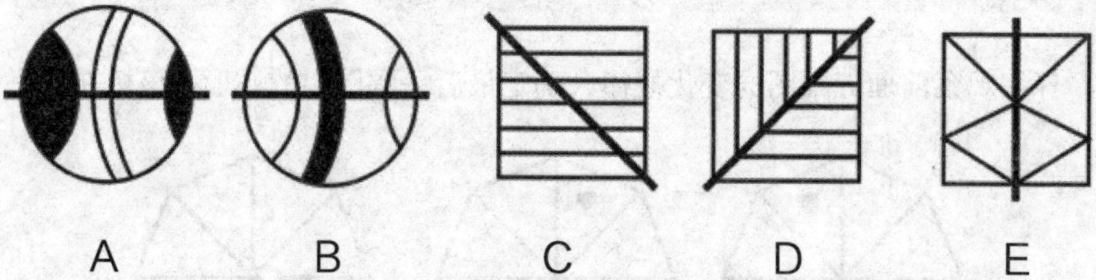

161 找不同

下面的五幅图中，有一幅与众不同，请找出这幅图是哪个？

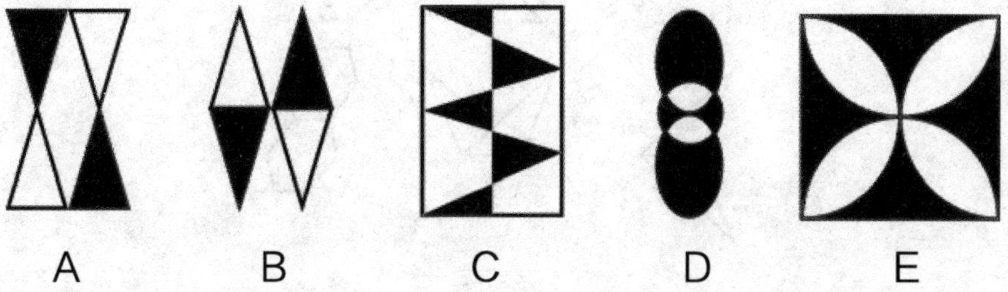

162 对应关系（1）

下图中，如果图形1与图形2对应，那么与图形3对应的图形应该是哪个？

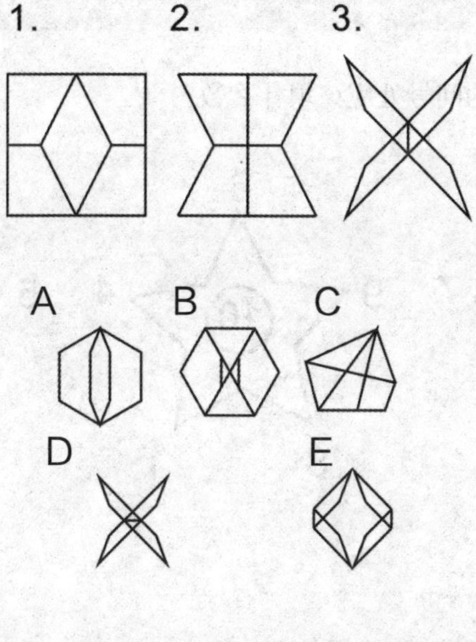

163 对应关系（2）

下图中，如果图形1与图形2对应，那么与图形3对应的图形应该是哪个？

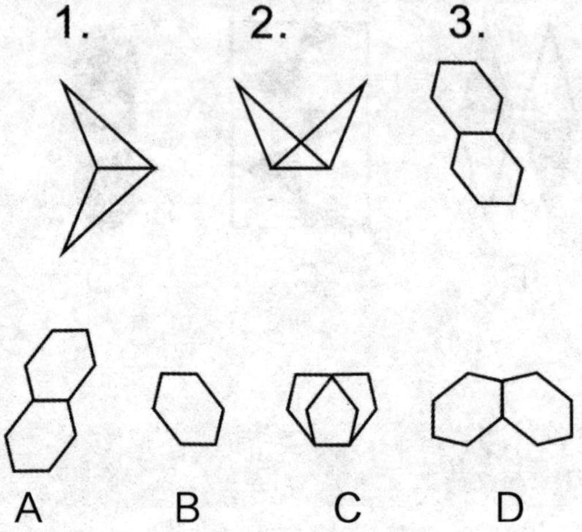

164 数字之谜

最后一个五角星的问号处应该填什么数？

165 猜字母

按照图中字母排列的逻辑，问号处应该填哪一个字母？

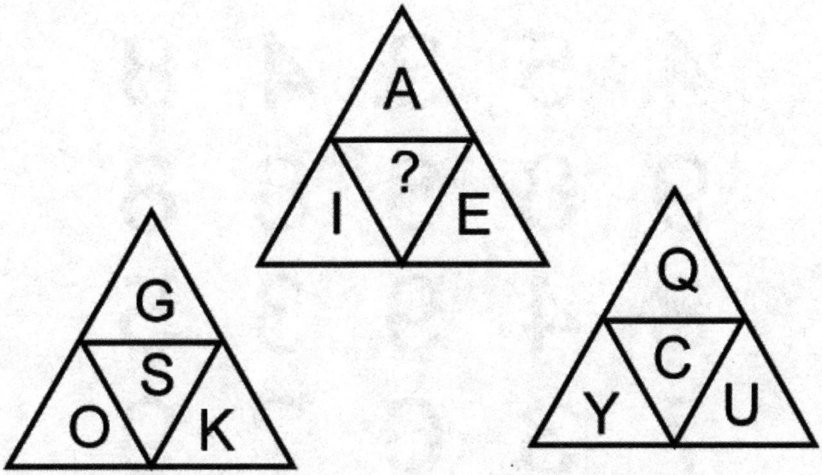

166 复杂的表格

根据下列数字的规律，问号处应该填什么数？

2	9	6	24
4	4	3	19
5	4	4	24
3	7	1	?

167 缺少的数字

先分析一下下面的数字排列有什么规律，然后依规律填出问号处缺失的数字。

4	5	3	4	8
9	8	8	8	8
8	4	9	3	5
7	3	6	?	9

168 按键密码

下面有三行数字，每行有八位，根据前两行数字之间的规律，请写出第三行问号处所代表的数字分别是多少？

55673685

92171564

2689????

169 D代表什么

如下图所示，A代表0，B代表9，C代表6，那么你知道D代表什么吗？

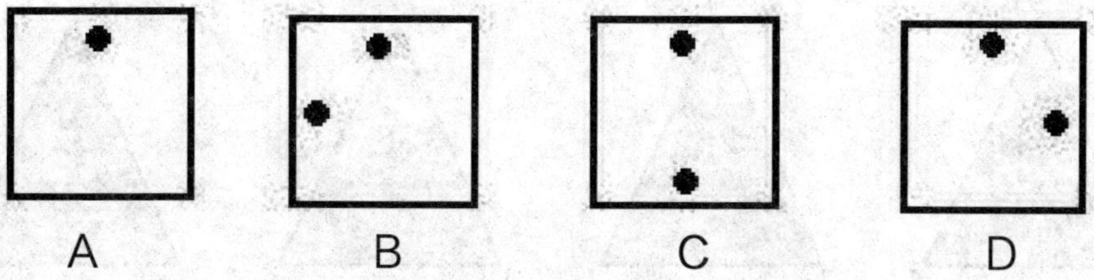

170 五角星的数

找出下图中问号所代表的数。

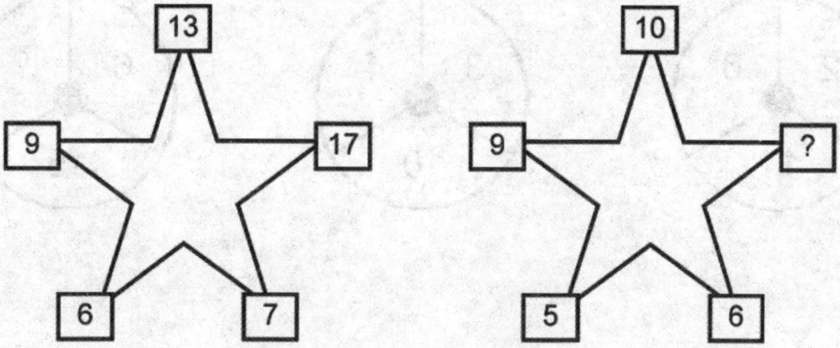

171 填数字

你能看出最后一个三角形的右下角问号处应该是什么数字吗？

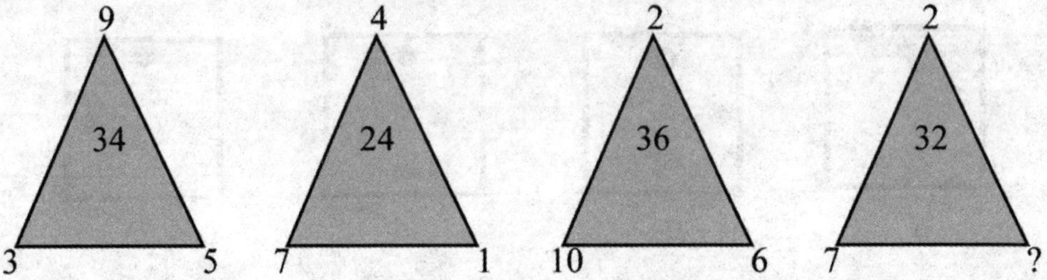

172 分割圆环

如下图，最后一个被分割的圆环里的问号处应该填什么数？

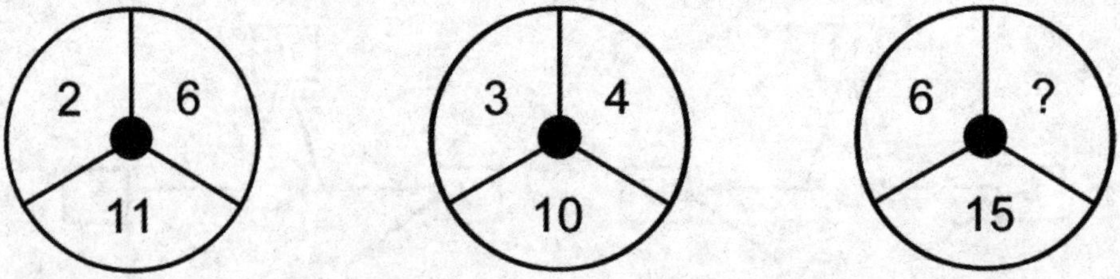

173 罗盘推数

根据下图的规律，请算出问号处代表什么数字？

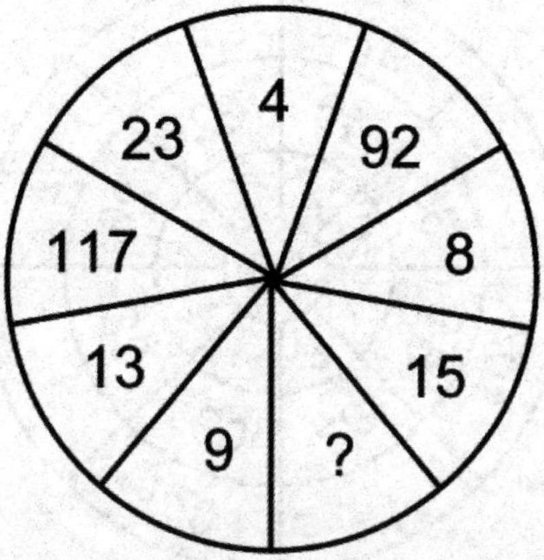

174 补充数字

按图中的规律，问号处应该填什么数？

175 数字箭靶

这个箭靶上有一些数字，根据变化规律，写出空格中的数。

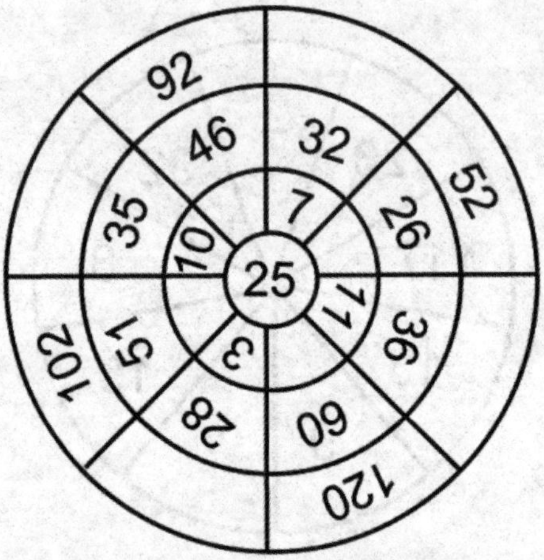

176 圆环上的数字

根据下图中已给出的各个数字之间的逻辑关系，选择一个正确的答案填入问号处。

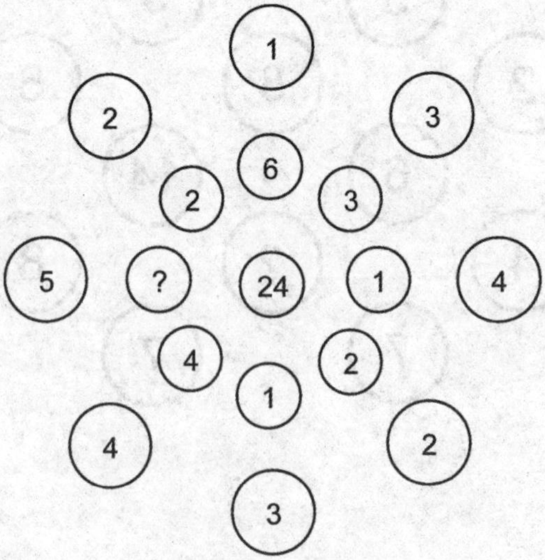

A.8　B.3　C.6　D.1　E.5　F.2

177 对应数

根据下图中扇形内的数字排列规律，填出问号处对应的数。

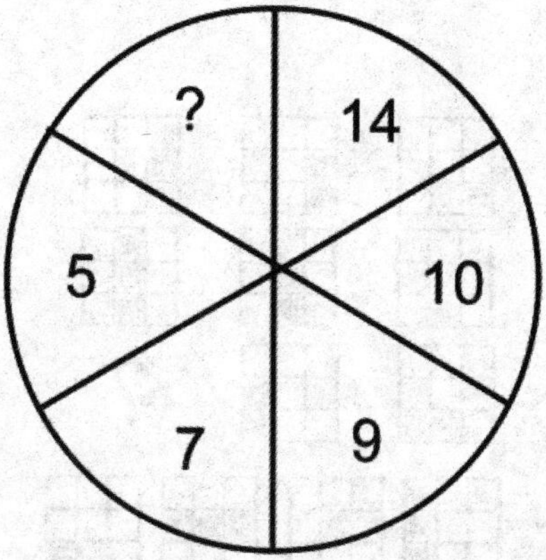

178 数字填空

按照下图中数字的排列规则，问号处应该填什么数字？

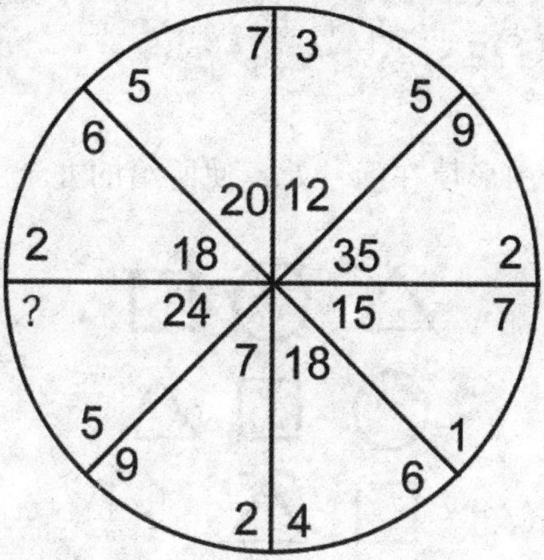

179 灰色九宫格

从选项中找出一个图形填在题目中的问号处，使所给的九个图形符合某一特定的规律。

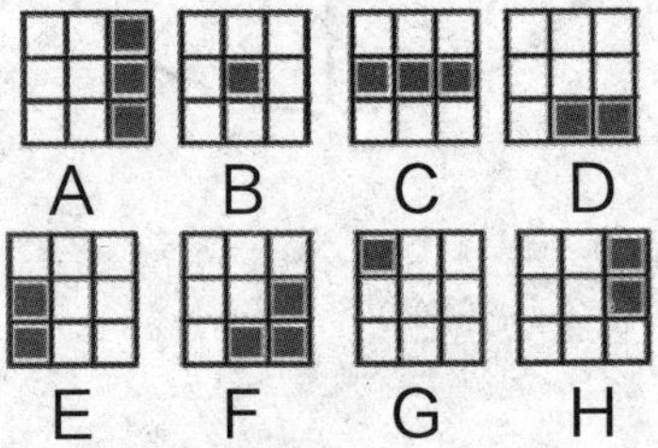

180 圆、三角、方块

从选项中找出一个图形填在问号处，使所给的九个图形符合某一特定的规律。

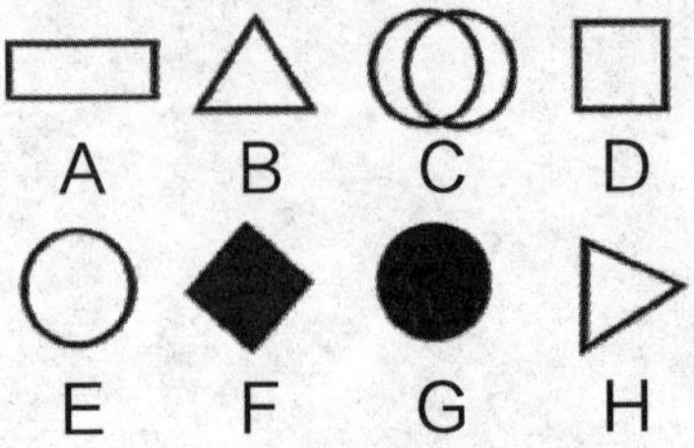

181 三条直线

从选项中找出一个适当的图案填在问号处，使所给的九个图形符合某一特定的规律。

182 三叶草

从选项中找出一个适当的图案填在问号处，使所给的九个图案符合某一特定的规律。

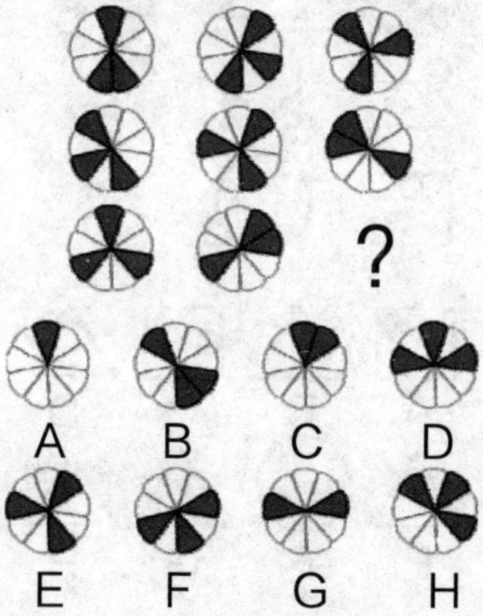

183 黑与白

从选项中找出一个适当的图案填在问号处，使所给的九个图案符合某一特定的规律。

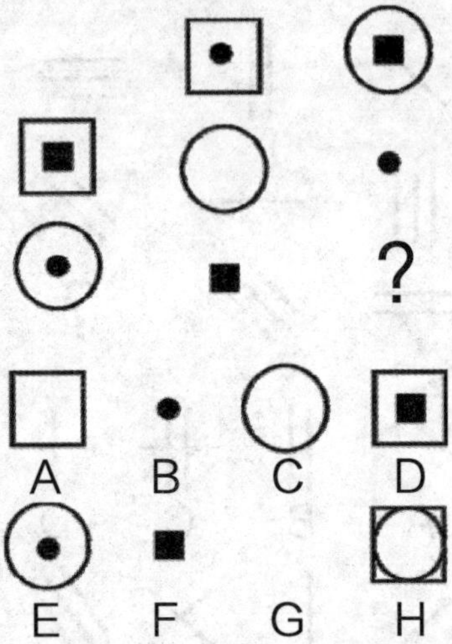

184 黑白点

从选项中找出一个适当的图案填在问号处，使所给的九个图案符合某一特定的规律。

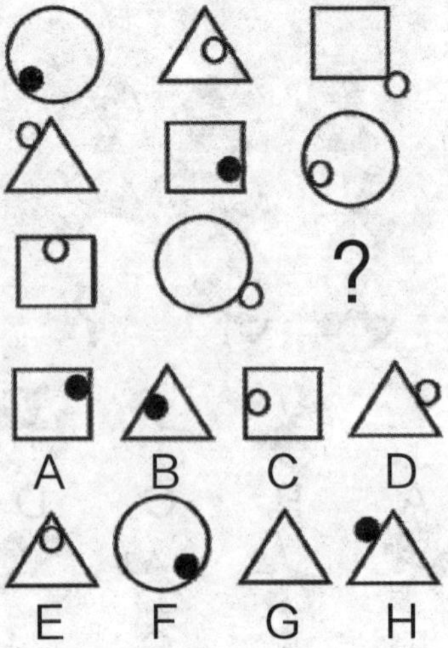

185 开　口

从选项中找出一个适当的图案填在问号处，使所给的九个图案符合某一特定的规律。

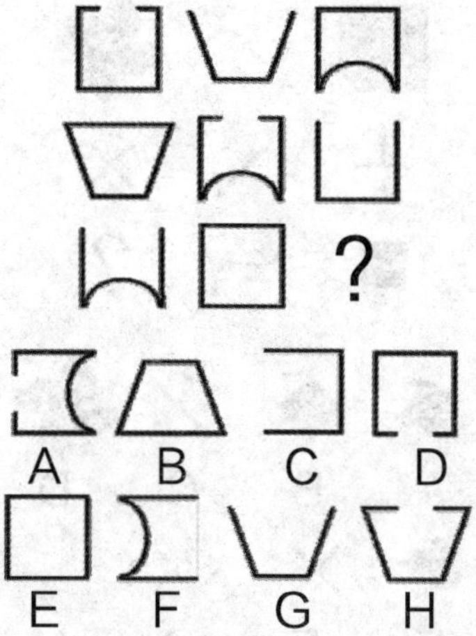

186 图形组合

从选项中找出一个适当的图案填在问号处，使所给的九个图案符合某一特定的规律。

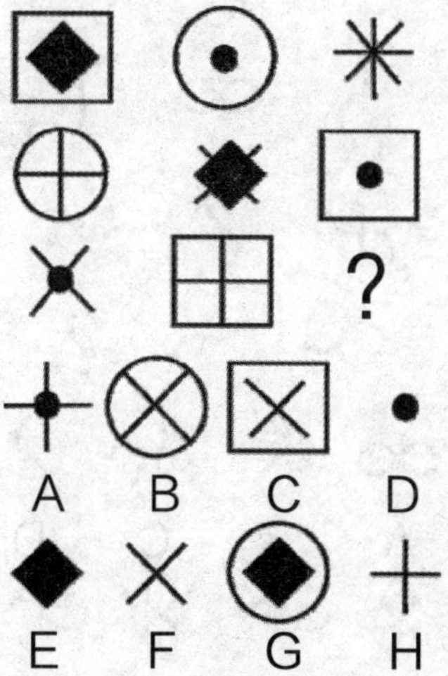

187 花瓣变化

从选项中找出一个适当的图案填在问号处，使所给的九个图案符合某一特定的规律。

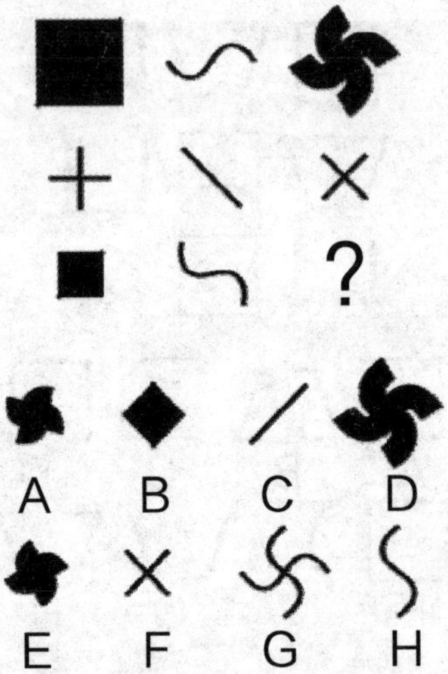

188 两条曲线

从选项中找出一个适当的图案填在问号处，使所给的九个图案符合某一特定的规律。

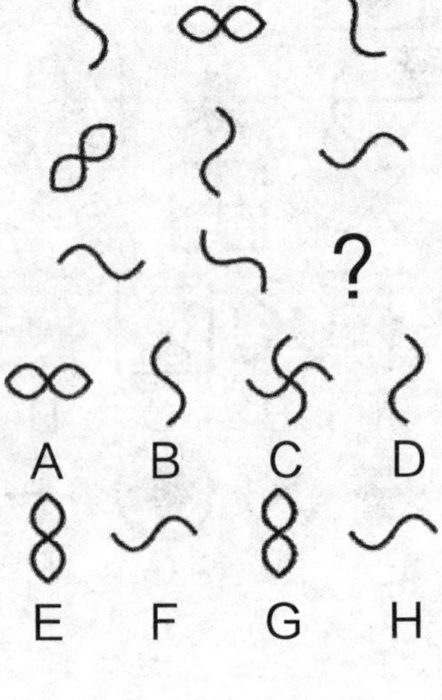

189 三色柱状图

从选项中找出一个适当的图案填在问号处，使所给的九个图案符合某一特定的规律。

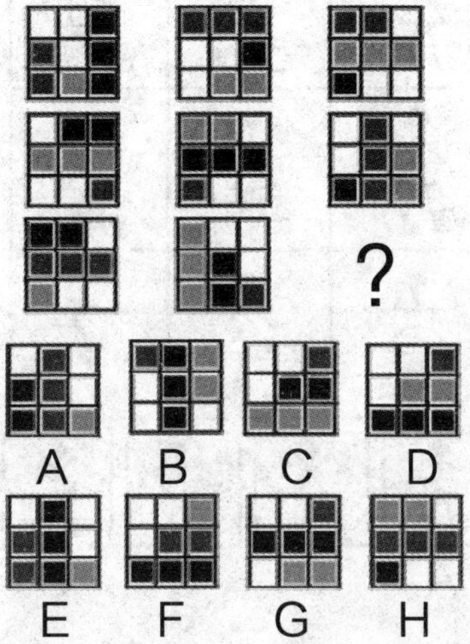

190 位置关系

根据所给图案的规律，空白处应该填什么？

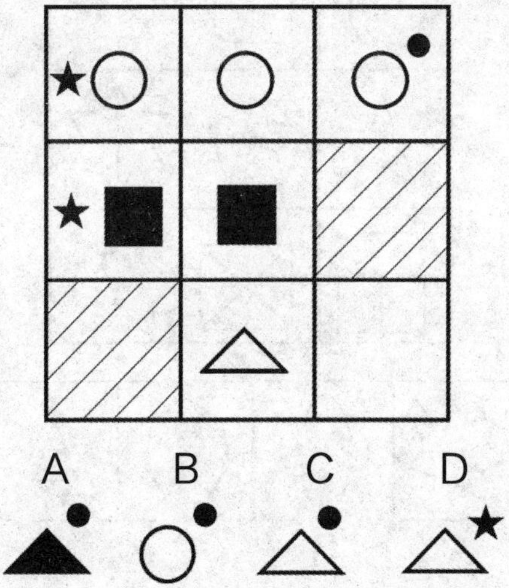

191 跳舞的人

根据所给图案的规律，问号处应该填什么图案？

192 复杂的规律

根据所给图案的规律，问号处应该填什么图案？

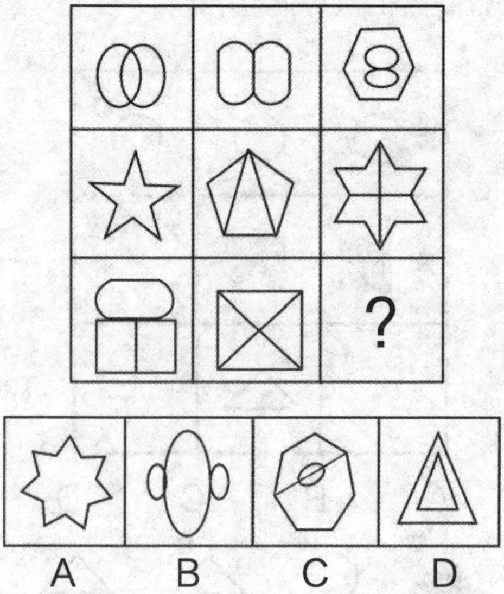

193 九宫图案

根据所给图案的规律，问号处应该填什么图案？

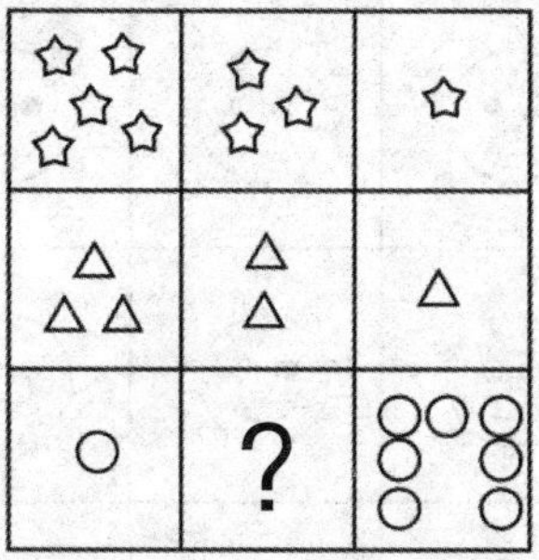

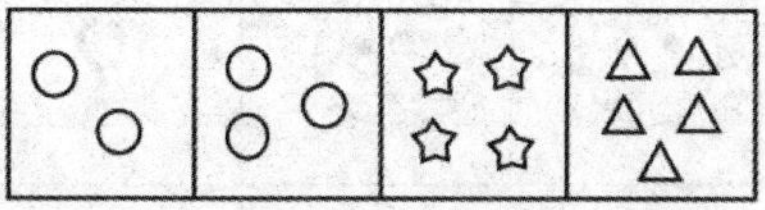

A　　B　　C　　D

194 男人女人

根据所给图案的规律，问号处应该填什么图案？

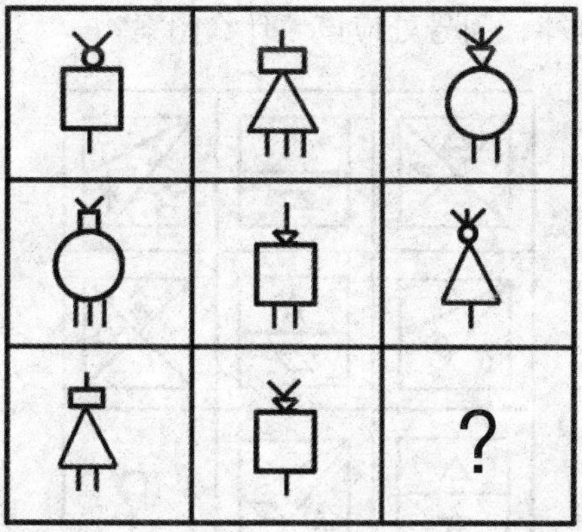

A　　B　　C　　D

195 大头娃娃

根据所给图案的规律，问号处应该填什么图案？

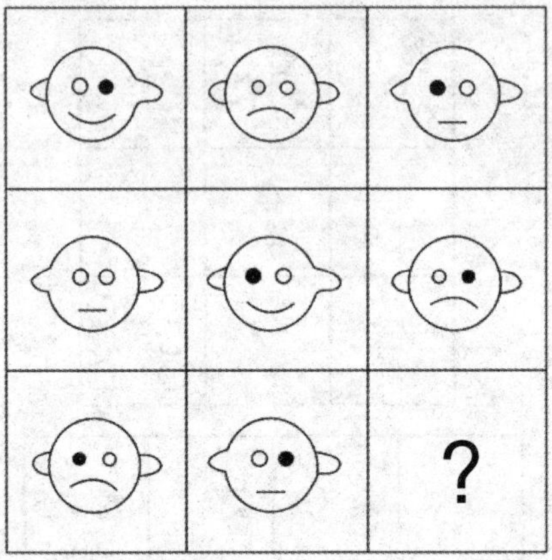

A B C D

196 日月星辰

根据所给图案的规律，问号处应该填什么图案？

A B C D

197 黑白图形

根据所给图案的规律，空白处应该填什么图案？

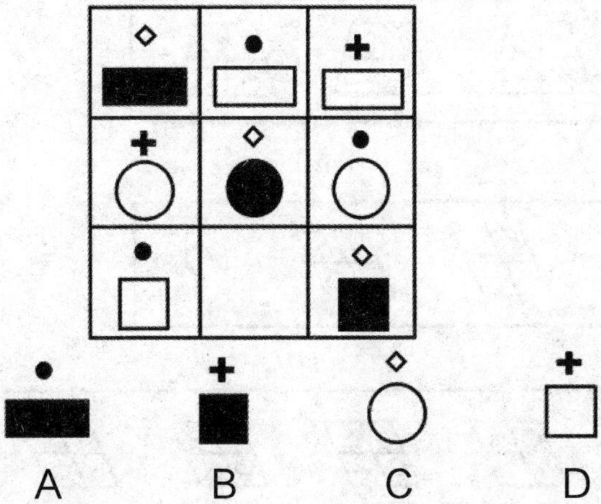

198 多边形

根据所给图案的规律，问号处应该填什么图案？

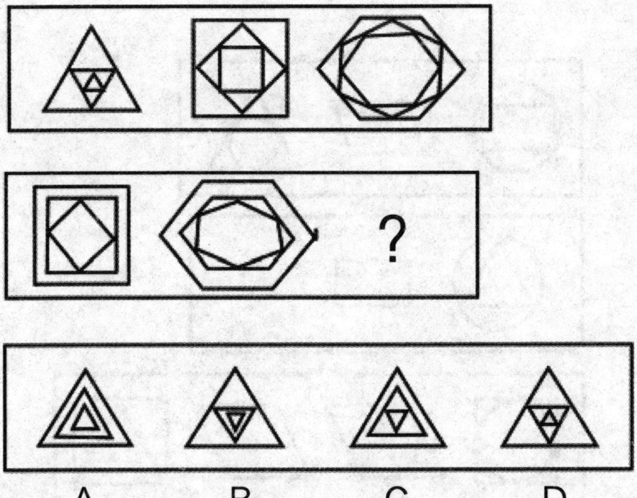

199 有趣的方格

根据所给图案的规律，问号处应该填什么图案？

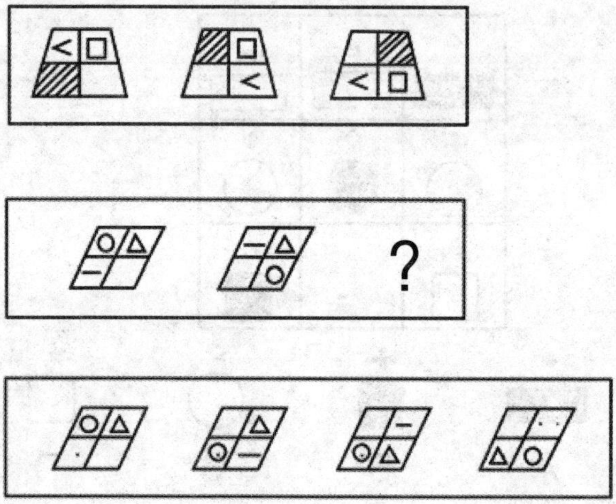

A　B　C　D

200 奇怪的规律

根据所给图案的规律，问号处应该填什么图案？

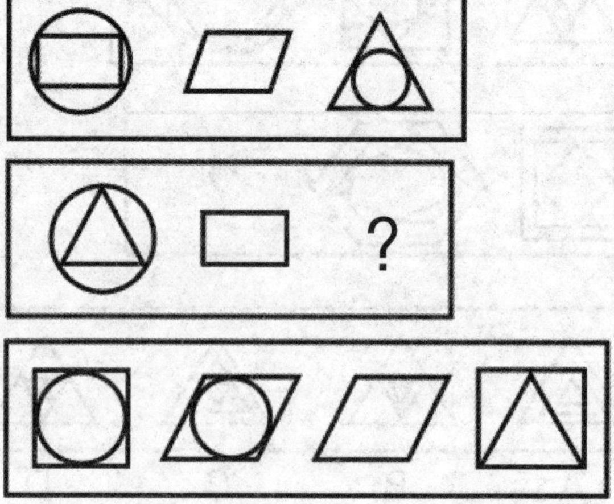

A　B　C　D

201 三角形

根据所给图案的规律，问号处应该填什么图案？

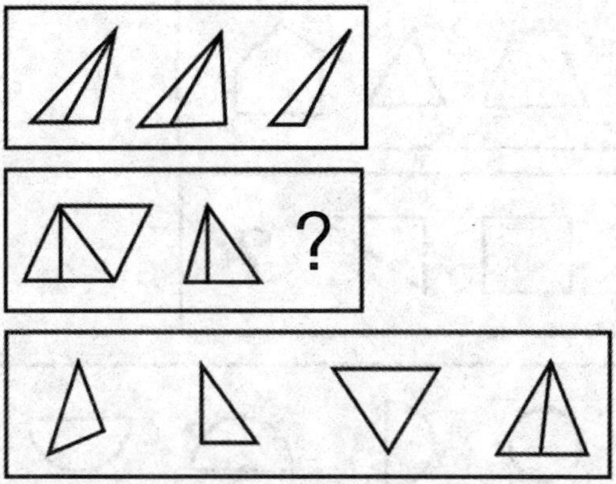

A　B　C　D

202 花瓣图形

根据所给图案的规律，问号处应该填什么图案？

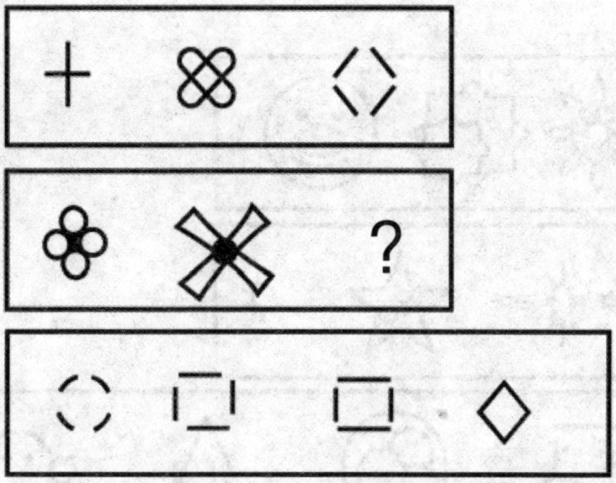

A　B　C　D

203 简单的规律

根据所给图案的规律，问号处应该填什么图案？

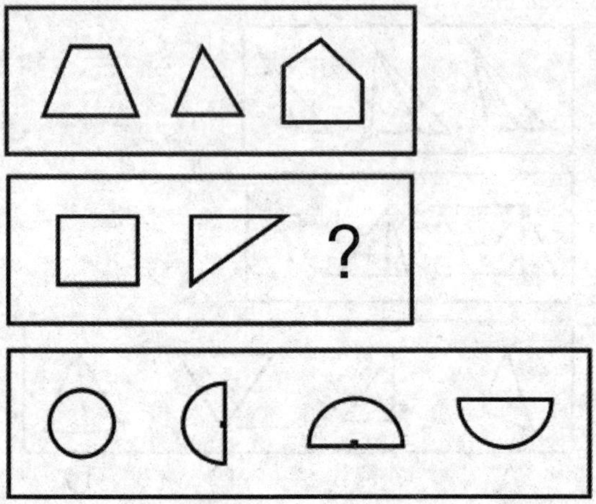

A B C D

204 复杂的图形

根据所给图案的规律，问号处应该填什么图案？

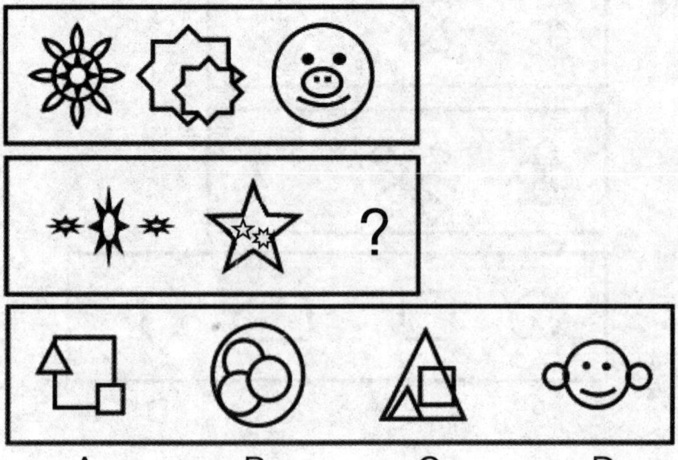

A B C D

205 小圆圈

根据所给图案的规律，问号处应该填什么图案？

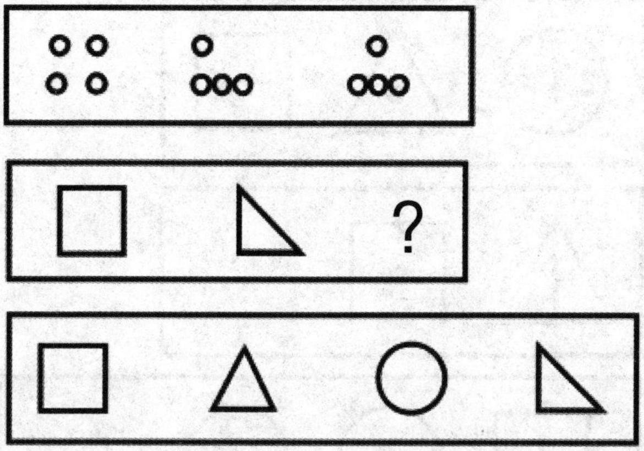

A　　B　　C　　D

206 图形对比

根据所给图案的规律，问号处应该填什么图案？

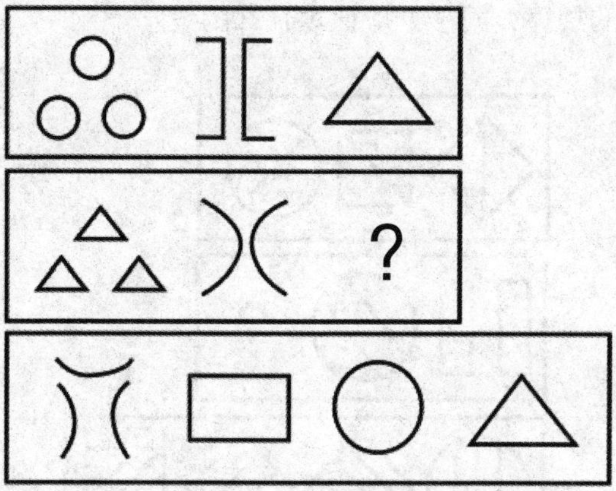

A　　B　　C　　D

207 对应关系

根据所给图案的规律，问号处应该填什么图案？

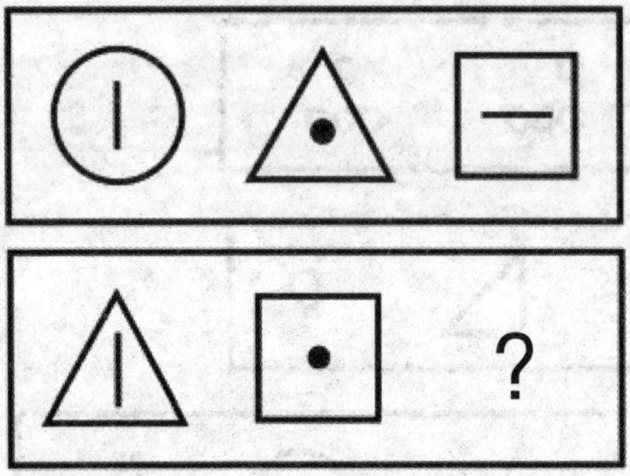

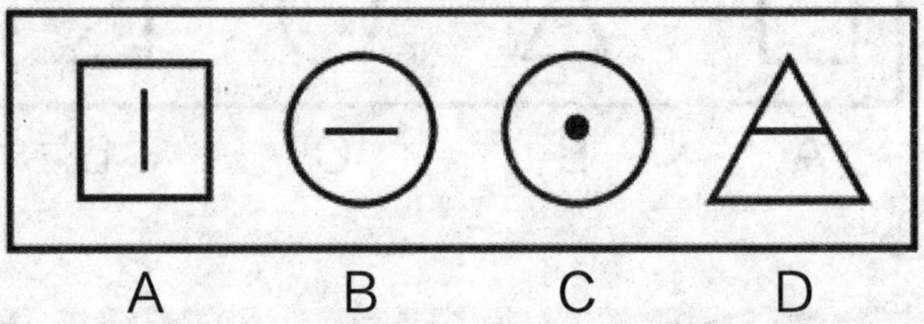

208 切割图形

根据所给图案的规律，问号处应该填什么图案？

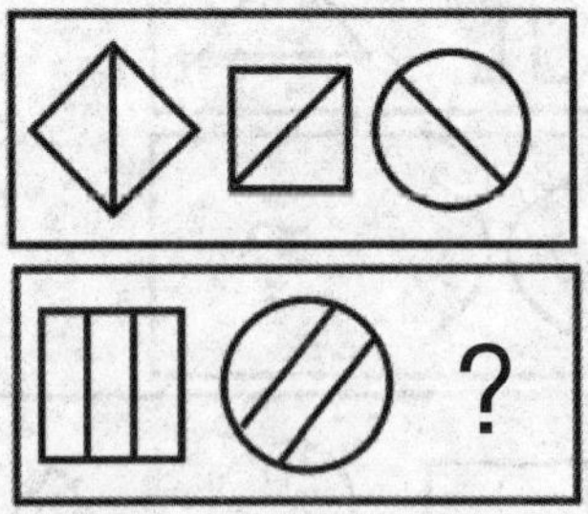

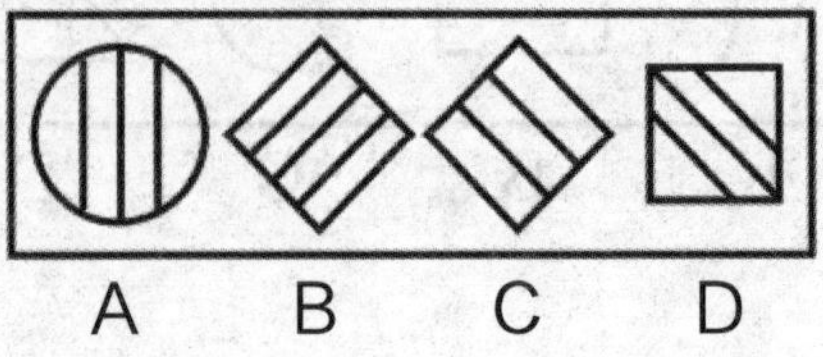

209 三角形与扇形

根据所给图案的规律，问号处应该填什么图案？

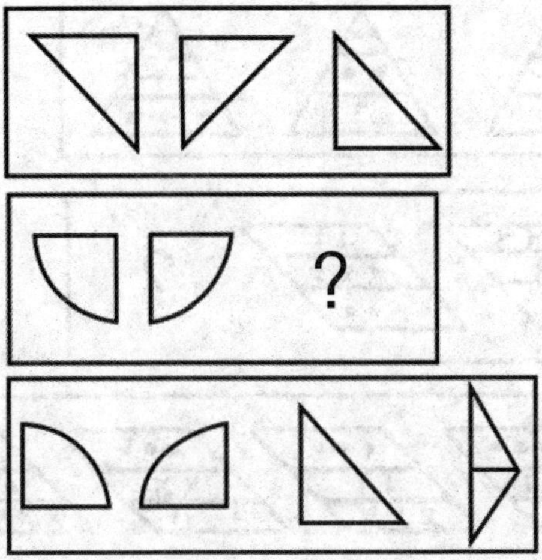

A　B　C　D

210 直线和曲线

根据所给图案的规律，问号处应该填什么图案？

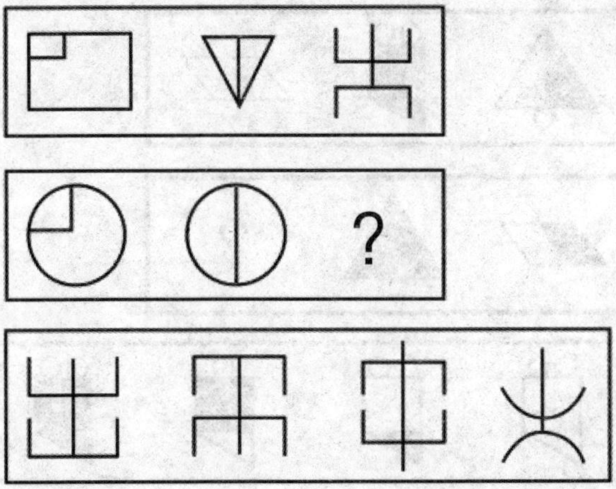

A　B　C　D

211 金字塔

根据所给图案的规律，问号处应该填什么图案？

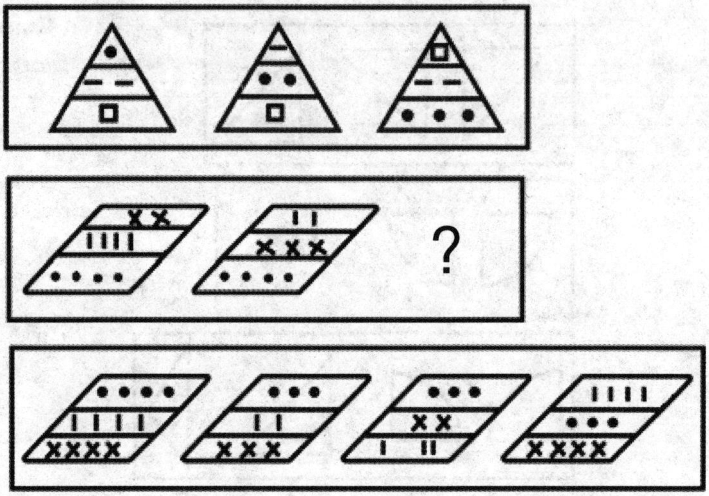

A　B　C　D

212 黑白图案

根据所给图案的规律，问号处应该填什么图案？

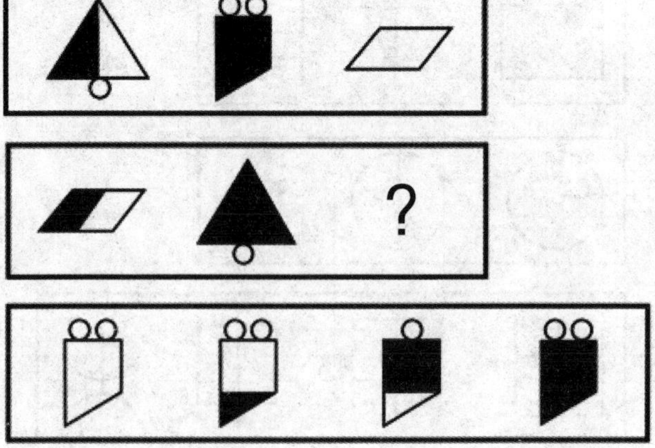

A　B　C　D

213 表 情

根据所给图案的规律，问号处应该填什么图案？

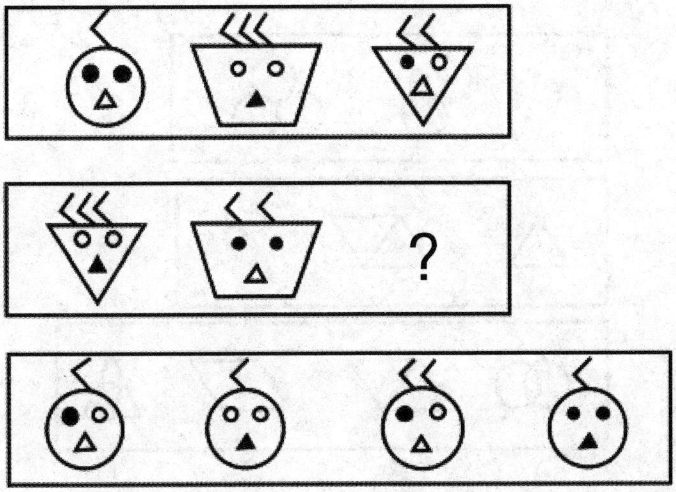

A　　B　　C　　D

214 斜 线

根据所给图案的规律，问号处应该填什么图案？

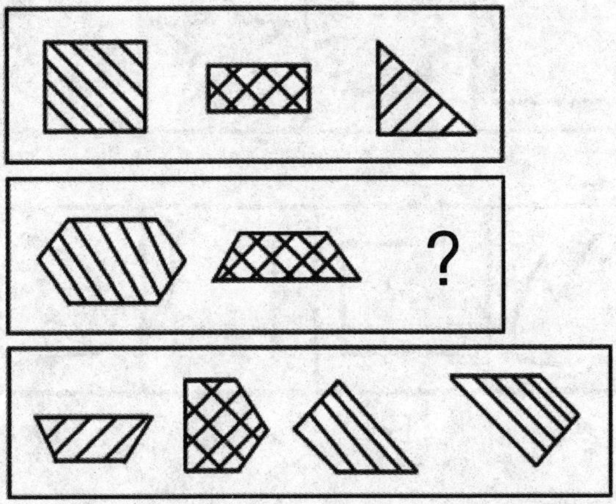

A　　B　　C　　D

215 圆与三角形

根据所给图案的规律，问号处应该填什么图案？

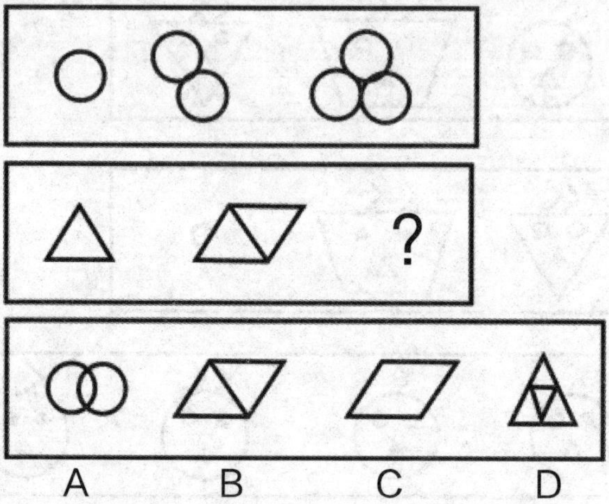

216 简单的规则

根据所给图案的规律，问号处的图案应该是哪个？

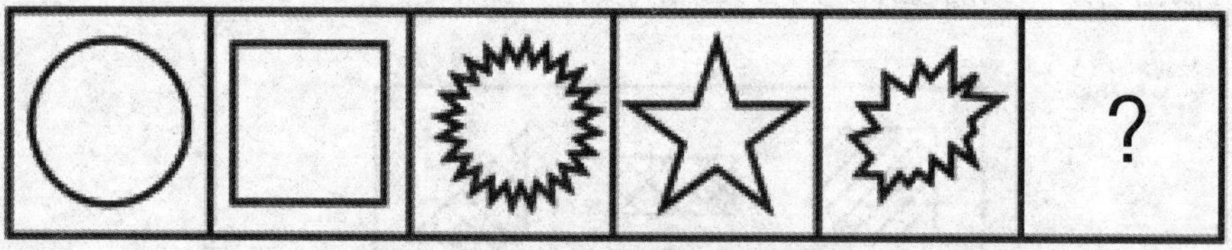

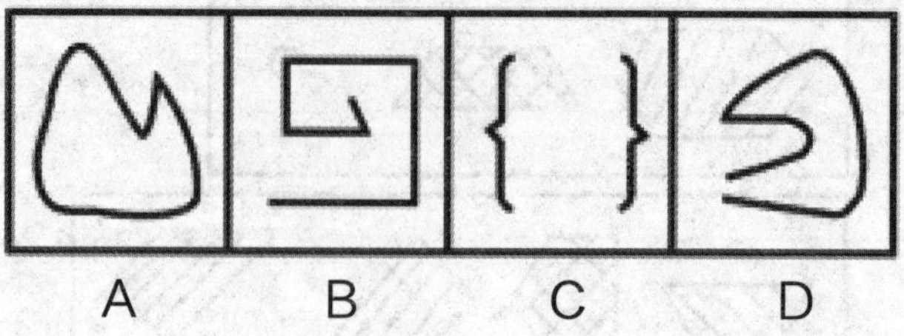

217 找共同点

下面给出的四个选项中，哪一个图案与所给图案是同一类的？

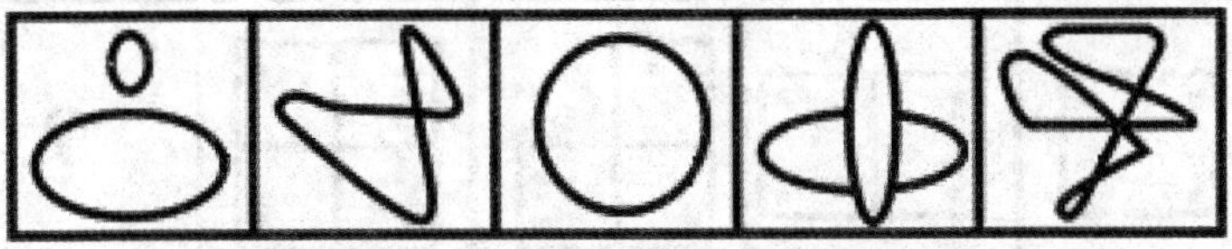

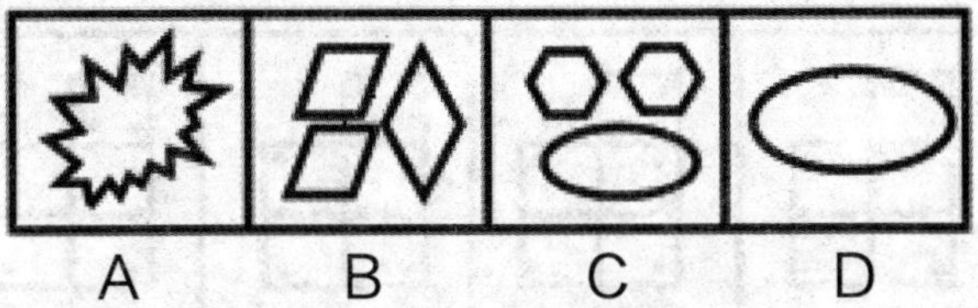

218 螺旋曲线

根据所给图案的规律，问号处应该填什么图案？

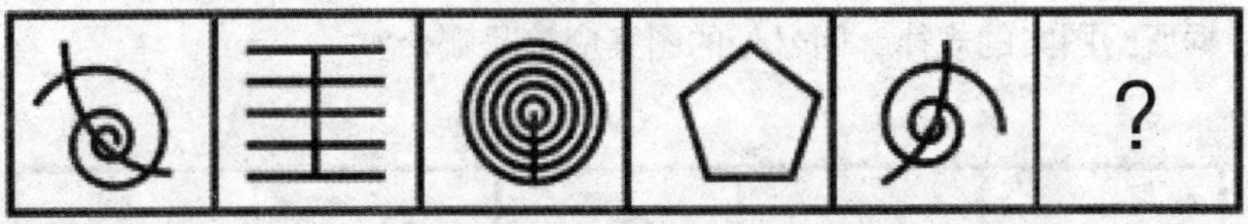

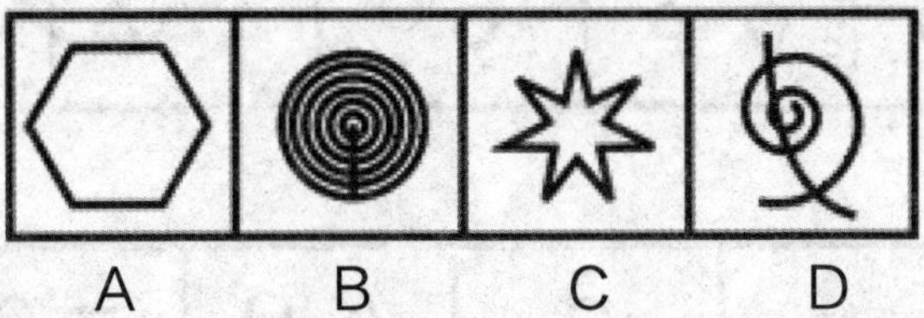

219 钉木板

按照所给图案的变化规律，问号处的图应该是什么样子的？

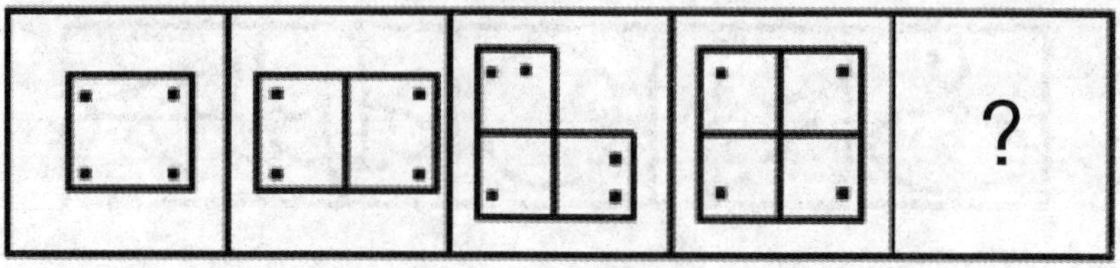

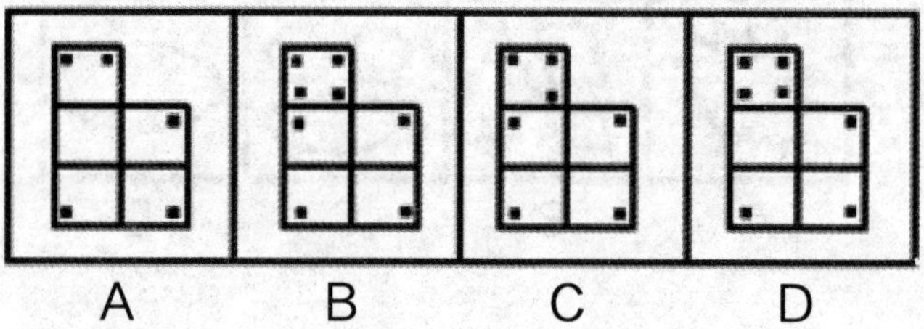

220 直线三角圆圈

根据所给图案的规律，问号处的图案应该是哪个？

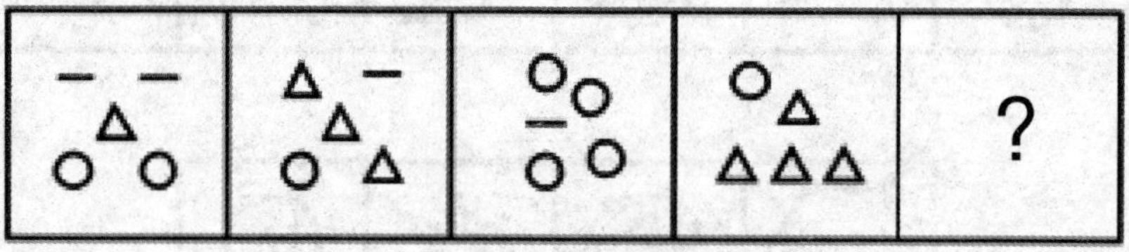

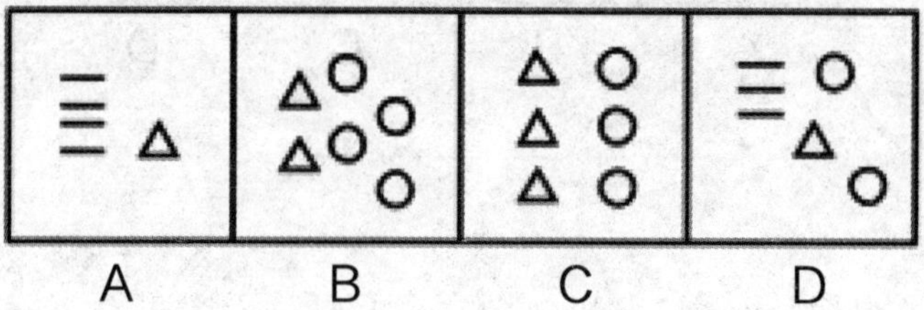

221 小图标

根据所给图案的规律，问号处的图案应该是哪个？

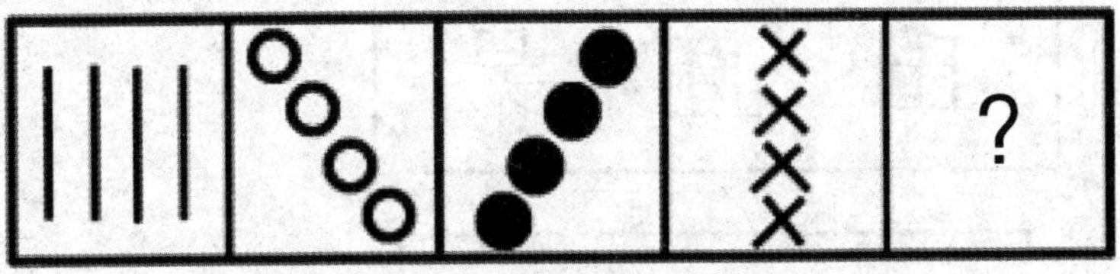

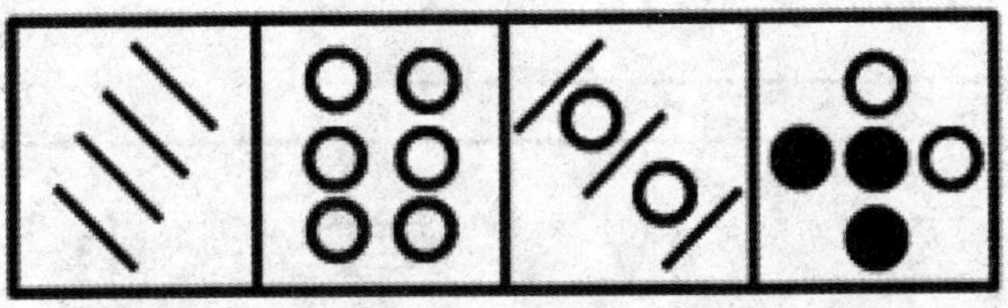

A　B　C　D

222 汉字有规律

根据所给文字的规律，问号处应该填什么文字？

茔	凷	去	
受	竖	?	
叛	巧	站	柯
A	B	C	D

223 汉字的规律

根据所给文字的规律，问号处应该填什么文字？

丘	直	吴	
血	古	？	
卒	仅	亨	也
A	B	C	D

224 奇妙的规律

根据所给图案的规律，问号处应该填什么图案？

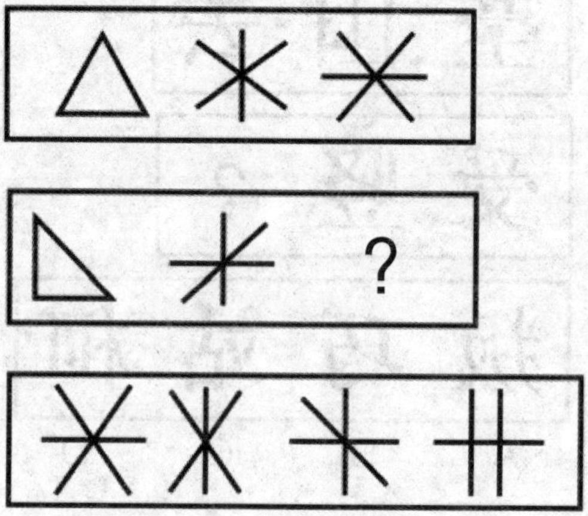

A　B　C　D

225 不同的规律

下面四个图案中，哪一个与其他三幅图的规律不同？

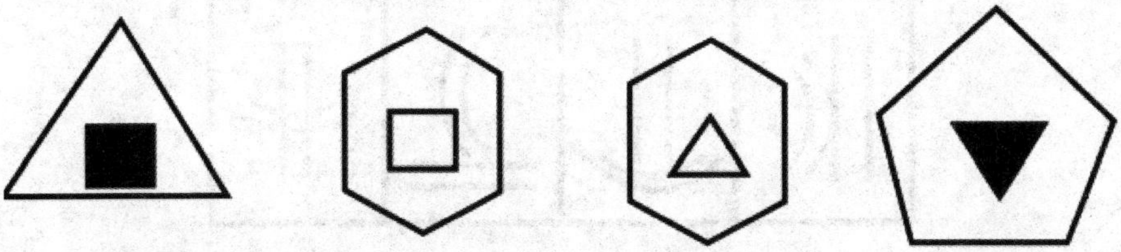

A　　B　　C　　D

226 星光闪闪

根据所给图案的规律，问号处应该填什么图案？

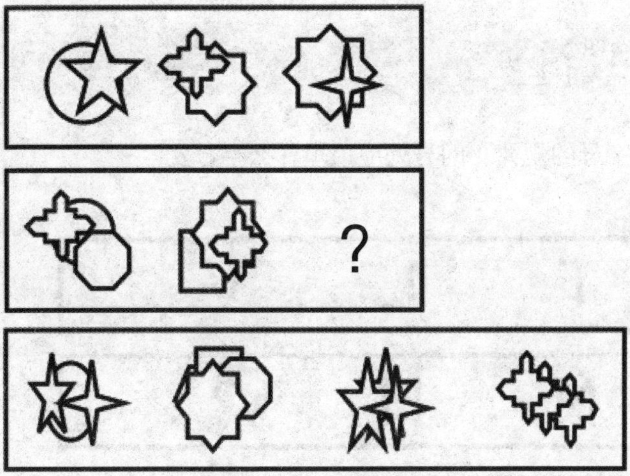

A　　B　　C　　D

227 直线与弧线

从四个选项中找出一个与所给图案规律相同的图案。

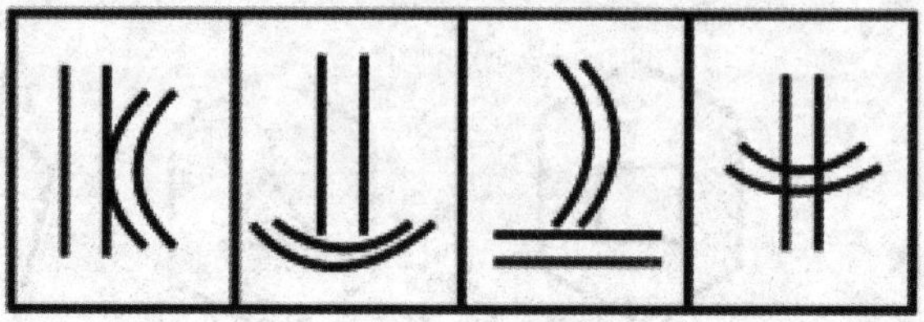

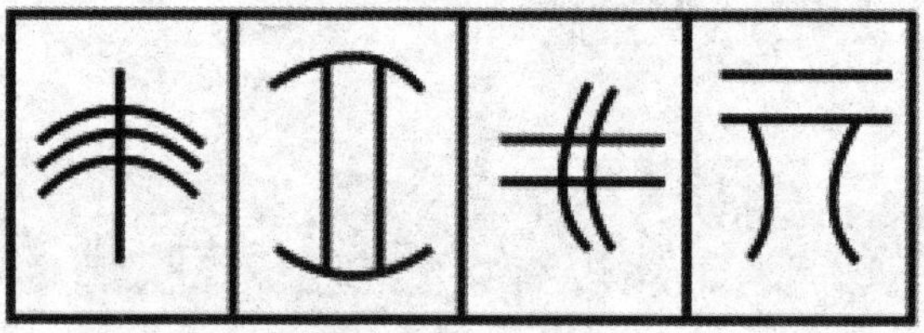

A　　B　　C　　D

228 字母逻辑

根据所给字母的规律，问号处应该填什么字母？

T	L	V

N	H	?

A	M	I	E
A	B	C	D

229 跳舞的孩子

根据所给图案的规律，问号处应该填什么图案？

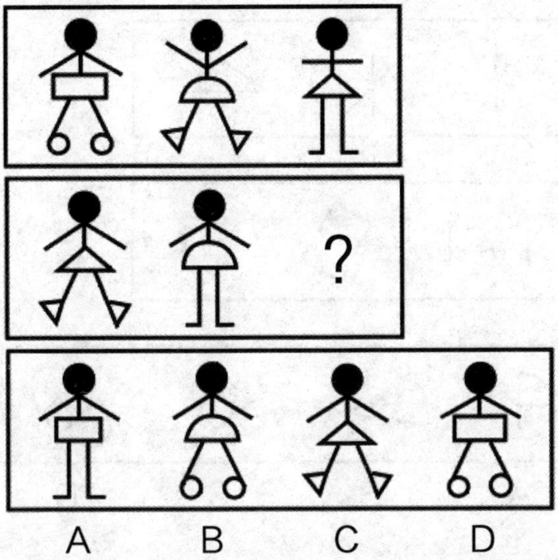

230 曲　线

根据所给图案的规律，问号处应该填什么图案？

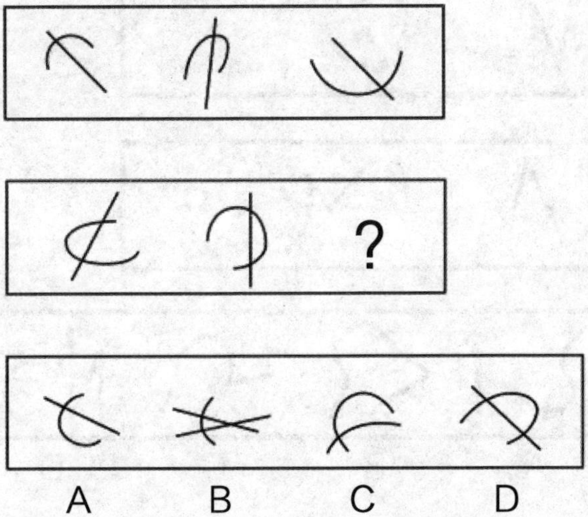

231 直　线

根据所给图案的规律，问号处应该填什么图案？

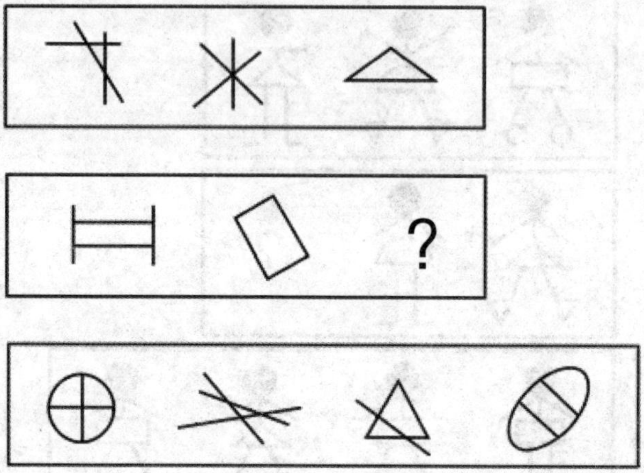

A　B　C　D

232 复杂曲线

根据所给图案的规律，问号处应该填什么图案？

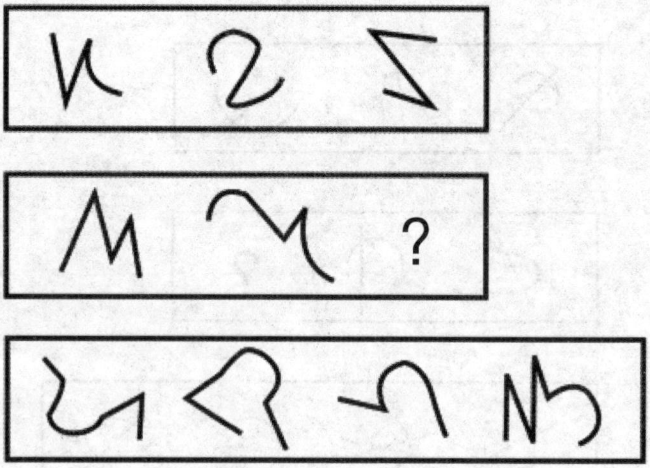

A　B　C　D

233 折线与直线

根据所给图案的规律，问号处应该填什么图案？

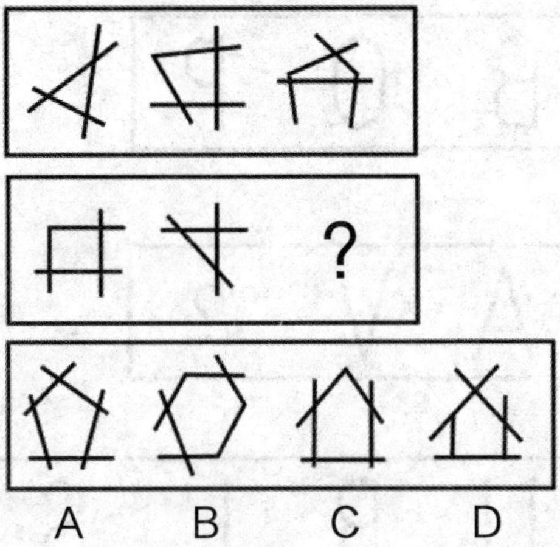

234 找规律

根据所给图案的规律，问号处应该填什么图案？

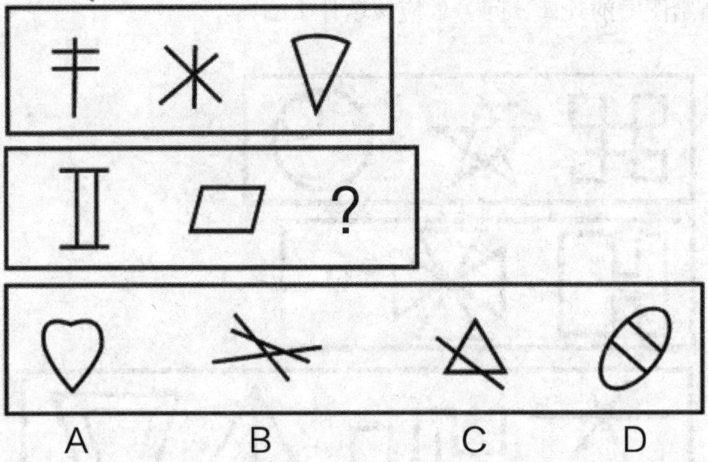

235 字母的规律

根据所给字母的规律，问号处应该填什么字母？

B Q P

A V ?

U R L S

A B C D

236 神奇的规律

根据所给图案的规律，问号处应该填什么图案？

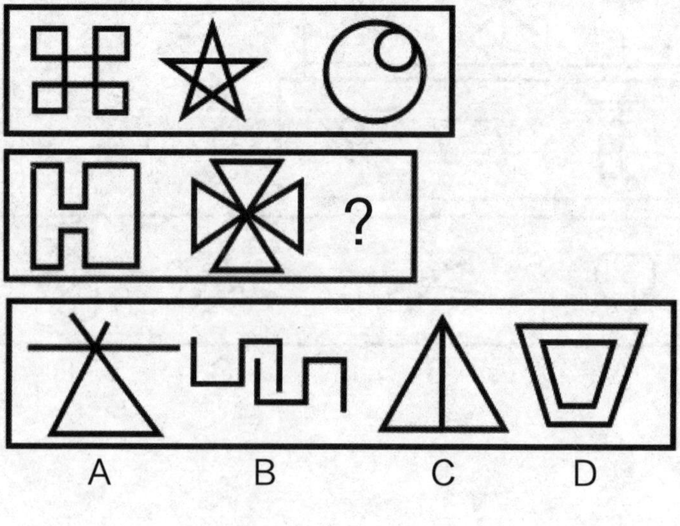

A B C D

237 方格阵列

根据所给图案的规律，问号处应该填什么图案？

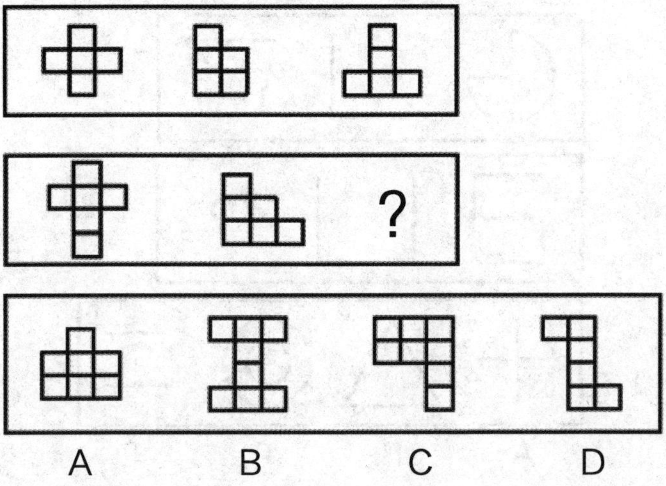

238 曲线组合

根据所给图案的规律，问号处应该填什么图案？

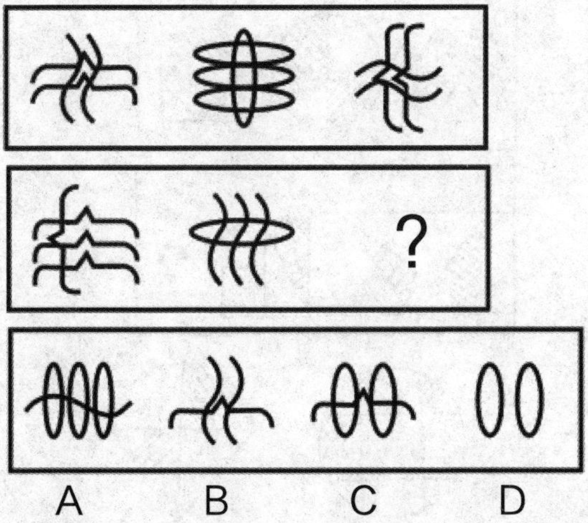

239 线条的规律

根据所给图案的规律，问号处应该填什么图案？

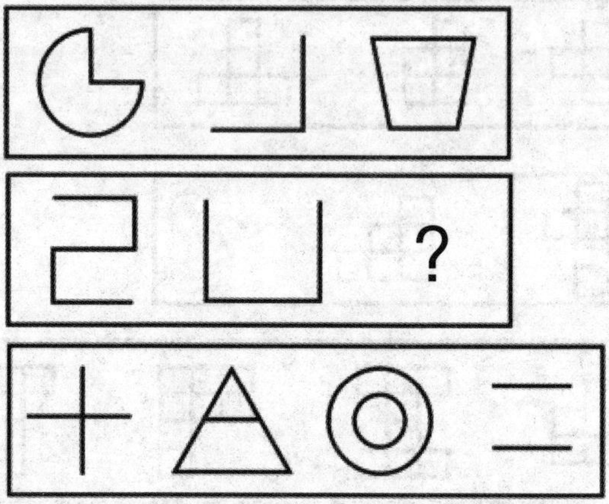

A　　B　　C　　D

240 阴影的共性

根据所给图案的规律，问号处应该填什么图案？

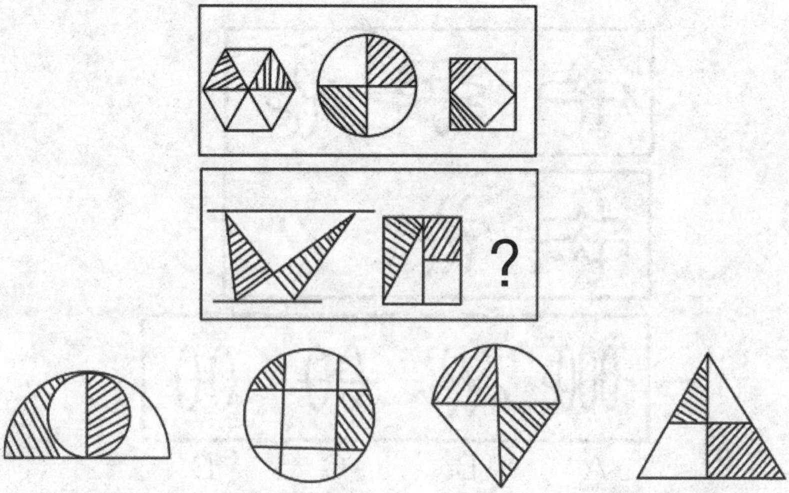

A　　B　　C　　D

241 小黑点

根据所给图案的规律，问号处应该填什么图案？

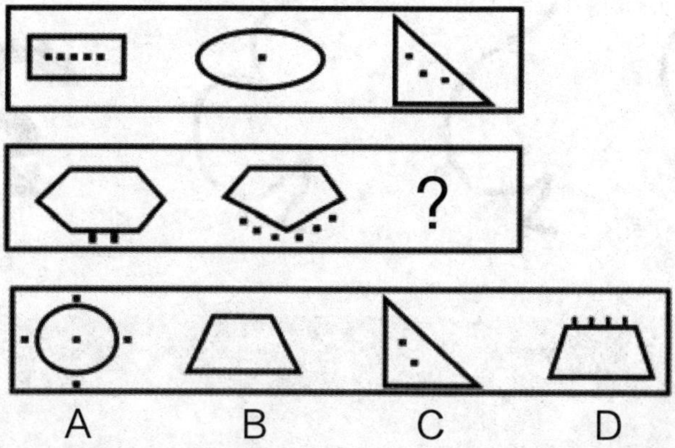

242 双层边线

根据所给图案的规律，问号处应该填什么图案？

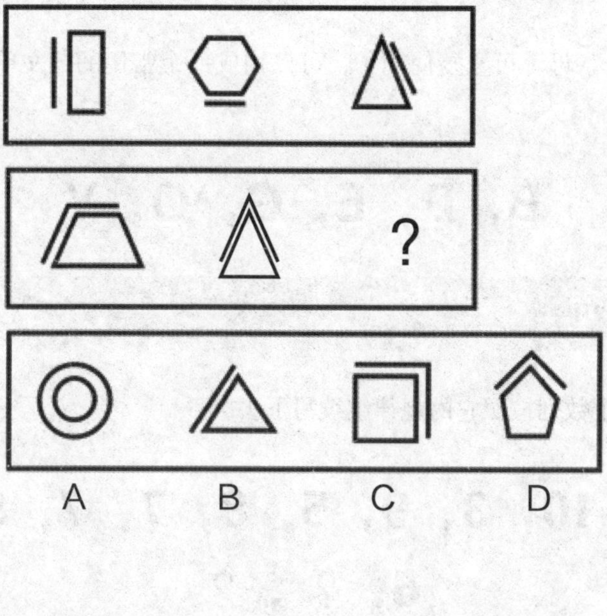

243 线条推理

根据前面三幅图的规律，问号处应该画一个什么图形？

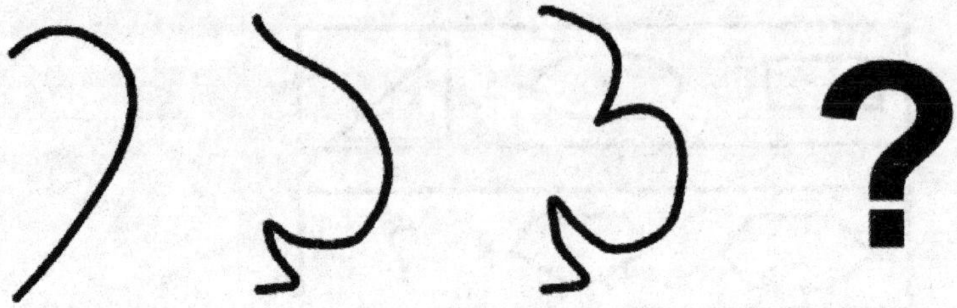

244 找数字规律

根据下面数字之间的规律，问号处的数字应该是多少？

1，8，27，？，125，216

245 组成单词

用下面6个字母（可重复使用），可以构成一个常用的英文单词，你能把它找出来吗？

B，D，E，G，O，Y

246 写数列

把下面这个数列按照它的规律继续写下去。

1，10，3，9，5，8，7，7，9，

6，？，？

247 下一个数字

根据给出的数字规律，找出问号处的数字是多少？

2，3，5，7，11，13，？

248 字母排列

根据给出的字母之间的规律，找出问号处是什么字母？

B，A，C，B，D，C，E，D，F，？

249 代表什么

如果圆代表1，五角星代表10，正方形代表4，那么正六边形代表多少？

250 数字找规律1

找出下列数字的排列规律，确定问号处的数字应该是多少？

9，12，21，48，？

251 数字找规律2

请从逻辑的角度，在后面的横线上填入后续的数字。

1，3，6，10，______

252 数字找规律3

请从逻辑的角度，在后面的横线上填入后续的数字。

21，20，18，15，11，______

253 数字找规律4

请从逻辑的角度，在后面的横线上填入后续的数字。

8，6，7，5，6，4，______

254 数字找规律5

请从逻辑的角度，在后面的横线上填入后续的数字。

65536，256，16，______

255 数字找规律6

请从逻辑的角度，在后面的横线上填入后续的数字。

1，0，–1，0，________

256 数字找规律7

请从逻辑的角度，在后面的横线上填入后续的数字。

3968，63，8，3，________

257 智力测验1

请从逻辑的角度，在后面的横线上填入后续的数字。

2，5，8，11，________

258 智力测验2

请从逻辑的角度，在后面的横线上填入后续的数字。

7，10，9，12，11，________

259 智力测验3

请从逻辑的角度，在后面的横线上填入后续的数字。

2，7，24，77，______

260 猜数字1

请从逻辑的角度，在后面的横线上填入后续的数字。

30，32，35，39，44，______

261 猜数字2

请从逻辑的角度，在后面的空格中填入后续数字。

30，32，35，36，40，______

262 猜数字3

请从逻辑的角度，在后面的横线上填入后续的数字。

1，2，2，4，8，______，256

263 猜数字4

请从逻辑的角度，在后面的横线上填入后续的数字。

1，10，3，5，______，0

264 猜数字5

请从逻辑的角度，在后面的横线上填入后续的数字。

0，1，3，______，10，11，13，18

265 数字的规律8

按照给出的数字规律，横线处应该填几？

1，2，5，29，______

266 有名的数列1

根据给出的数字规律，你知道问号处代表的数是什么吗？

1，1，2，3，5，8，13，21，？

267 有名的数列2

根据给出的数字规律，你能推断出问号处代表什么数吗？

1，3，4，7，11，18，29，？

268 天才测验1

按照给出的数字规律，填出问号处的数字。

3/5，7/20，13/51，21/104，？

269 天才测验2

按照给出的数字规律，填出问号处的数字。

118，199，226，235，？

270 天才测验3

按照给出的数字规律，填出问号处的数字。

7，10，？，94，463

271 天才测验4

按照给出的数字规律，填出问号处的数字。

0，2，8，18，？

272 天才测验5

按照给出数字的规律，填出问号处的数字。

260，216，128，108，62，54，？，27

273 天才测验6

按照给出的数字规律，填出问号处的数字。

2，20，42，68，？

274 天才测验7

按照给出的数字规律，填出问号处的数字。

8，24，12，？，18，54

275 天才测验8

按照给出的数字规律，填出问号处的数字。

7/2，4，7，14，49，？

276 天才测验9

按照给出的数字规律，填出问号处的数字。

8，10，16，34，？

277 下一个数字是什么

根据给出的数字规律，请问问号处应是什么数字？

125，77，49，29，？

278 寻找数字规律

根据给出的数字规律，你知道问号处应是什么数字吗？

0，2，4，8，12，18，24，32，40，？

279 字母旁的数字

根据给出的各组字母与数字间的联系，请问：字母W旁的问号应该是多少呢？

G7　M13　U21　J10　W?

280 猜字母1

按照给出的字母规律，问号处应该填什么？

O, T, T, F, F, S, S, E, ?

281 猜字母2

按照给出的字母规律，问号处应该填什么？

F, G, H, J, K, ?

282 猜字母3

按照给出的字母规律，问号处应该填什么？

Q, W, E, R, T, ?

283 字母找规律

请从逻辑的角度，在后面的横线上填入后续的字母。

A, D, G, J, ______

284 智力测验4

按照给出的字母规律，请在横线上填入空缺的字母。

E, H, L, O, S, ______

285 填字母

按照给出的字母规律，问号处应该填什么?

M, T, W, T, F, ？, ？

286 缺的是什么字母

按照给出的字母规律，问号处应该填什么?

J, F, M, A, ？, ？, J, A,

S, ？, ？, D

287 绳 结

请看下面两个绳结图，用力拉绳子的两端，这两个结会怎么样？是结死还是打开呢？

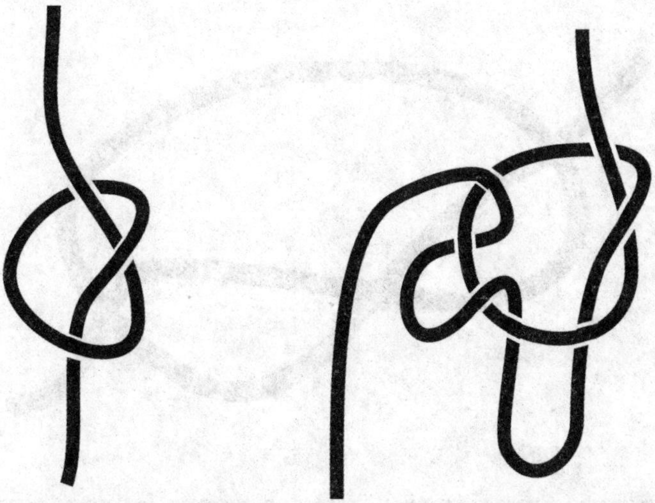

288 没打结的绳子

找出下图中哪几幅图中的绳子不会打成结？

289 结的影子

你在地上看到一段绳子。但光线太暗，你看不清绳结相交处哪头在上哪头在下。如果它打成一个结，那么拉绳子的一端它就会收紧。这可能吗？如果绳子完全随机放置，你能算出这段绳子打了结的概率吗？

290 拉绳子

用力拉这根绳子的两端，请问最后绳子会挂在中间的钉子上吗？

291 几根绳子

请仔细观察下面四幅图，其中只有一个是由两根绳子构成的，其余的三个都是由一根绳子构成的。你知道哪个是由两根绳子构成的吗？

A

B

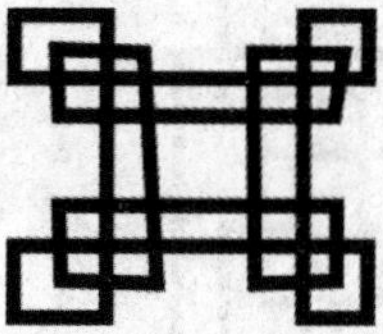

C

D

292 是否连在一起

下图中的纸带一共有几条？如果不止一条，是连在一起的还是分开的？

293 电　路

下面是一个电路的一部分，请确定哪两根线路是相通的？

294 解开铁环

下面有三个连在一起的铁环，你能只打开其中的一个环，就把三个铁环都分开吗？

295 第三根铅笔

请找出下图中从上面数第三根铅笔是哪一个？

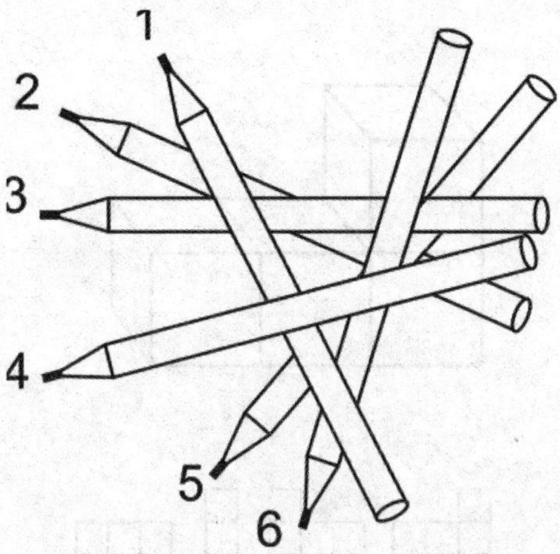

296 展开图

下图是一个立方体，请问这个立方体是由下面的哪个展开图折叠成的？

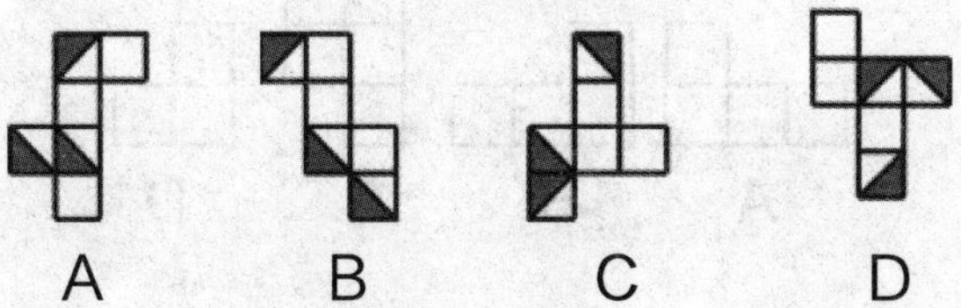

297 正视图（1）

所谓正视图，就是从物体的正面去看物体时的样子。下面这个图形的正视图是哪个呢？

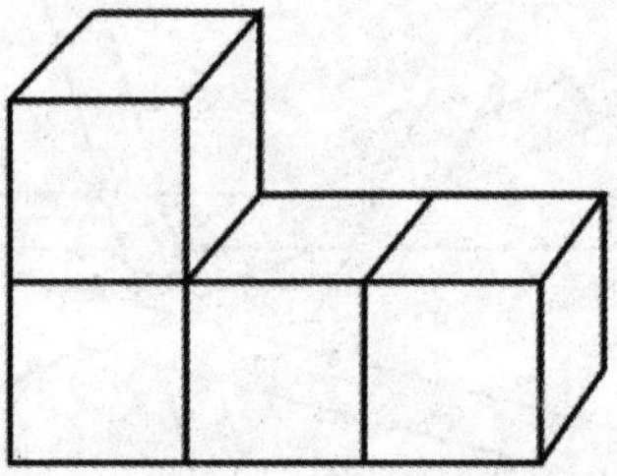

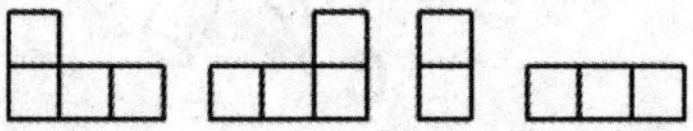

A　B　C　D

298 正视图（2）

下面这个图形的正视图是哪个呢？

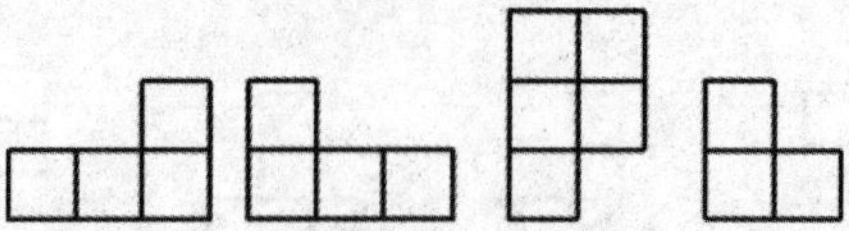

A　B　C　D

299 左视图

所谓左视图，就是从物体的左侧面去看物体时的样子。下面这个图形的左视图是哪个呢？

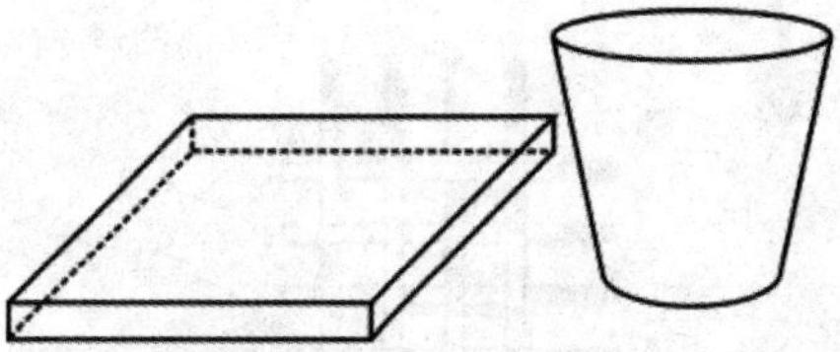

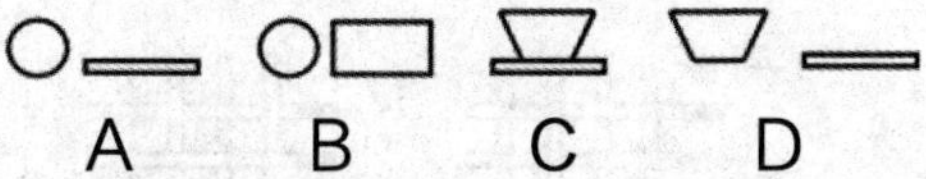

300 俯视图

所谓俯视图，就是从物体的上面去看物体时的样子。下面这个图形的俯视图是哪个呢？

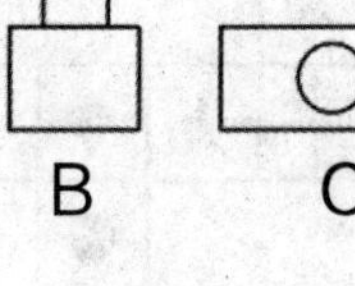

301 翻　身

请把下图中用火柴摆成的图形按箭头方向从上到下翻转过来，你知道结果应该是哪个吗？

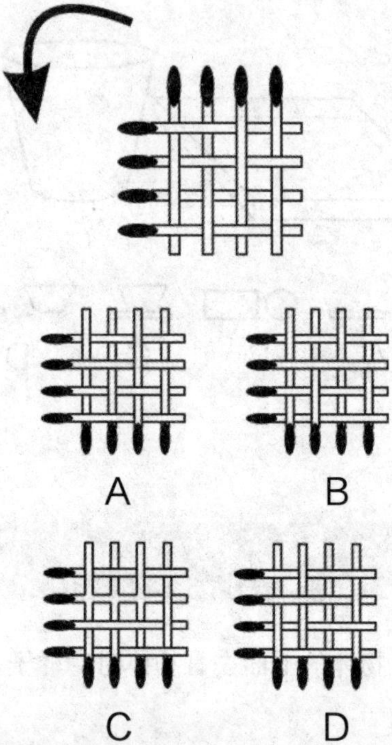

302 折叠立方体

下面的四个立方体哪个是由上面的图形折叠而成的？

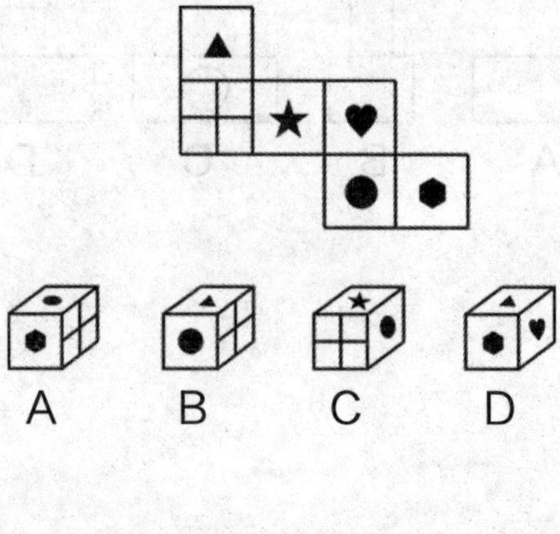

303 折不出的立方体

下面的五个立方体哪个不能由上面的图形折叠出来？（每一面上的小图案只起标示作用，不考虑其角度）

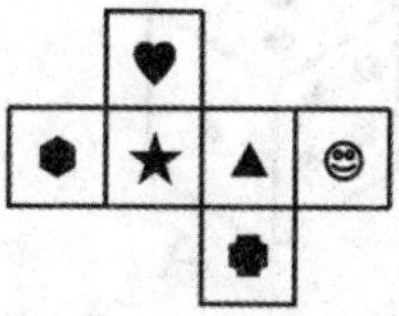

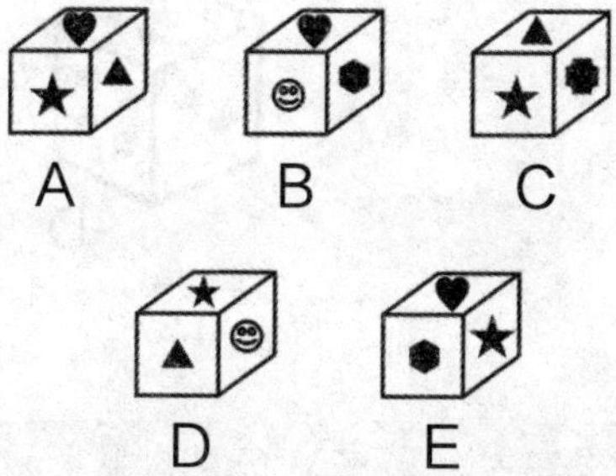

304 立方体网格

一个立方体有6个面，但下面的方格都能构成立方体吗？观察下面的方格，哪些可以构成立方体？

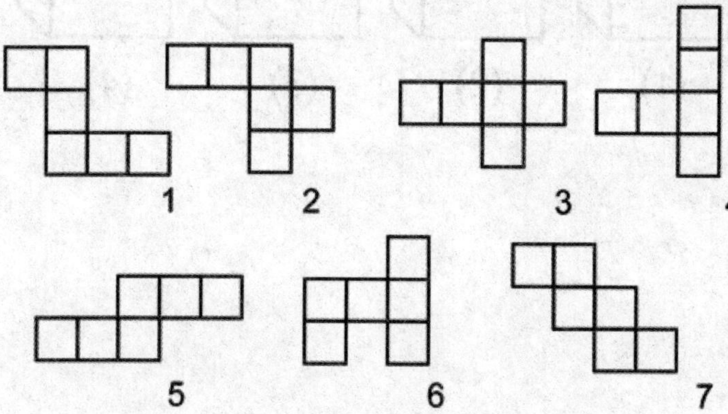

305 骰子构图

在A、B、C、D、E五个骰子中，哪一个是左边的骰面无法构成的？

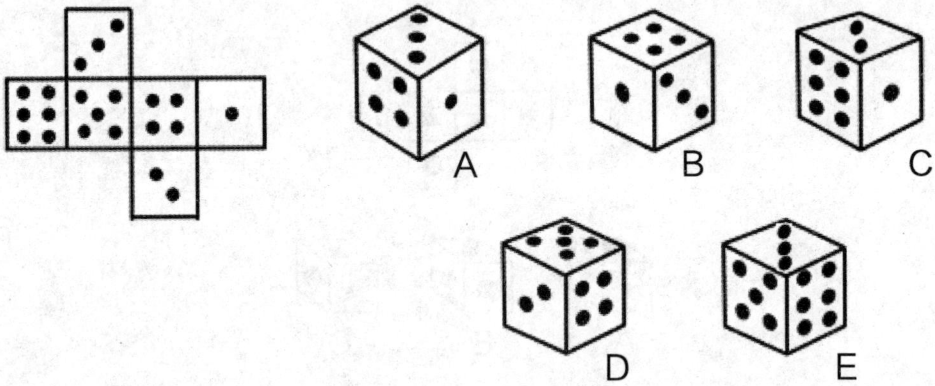

306 骰子推理

一个立方体的六个面，分别写着 a、b、c、d、e、f 六个字母，根据以下4张图，推测b的对面是什么字母。

307 图案盒子

下面a、b、c、d中哪一个盒子是用左边的硬纸折成的？

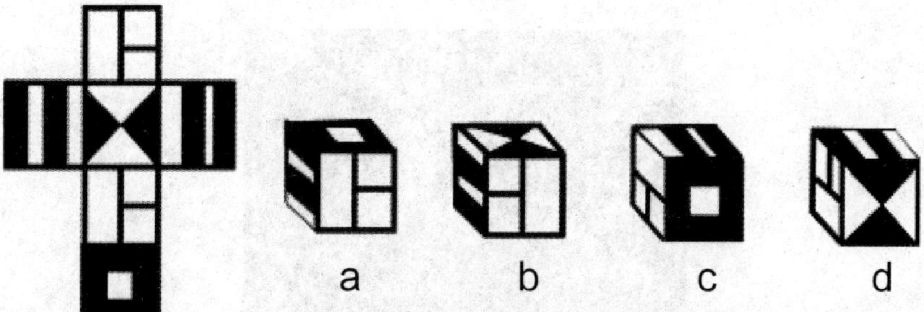

308 找正确的图形

一个人在观察下图中的立体图形时，画出了不同角度的图形。但是其中只有一个是正确的。你知道是哪一个吗？

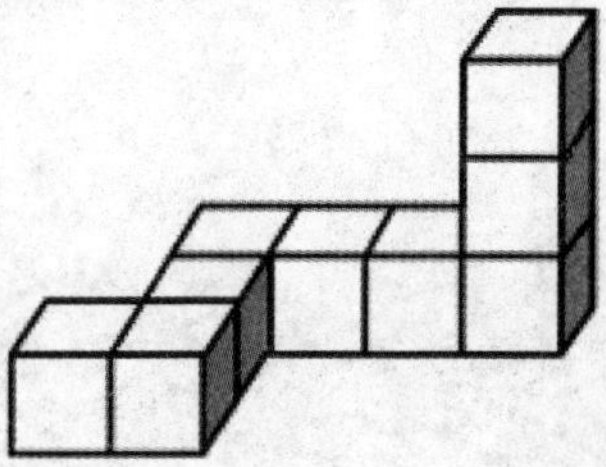

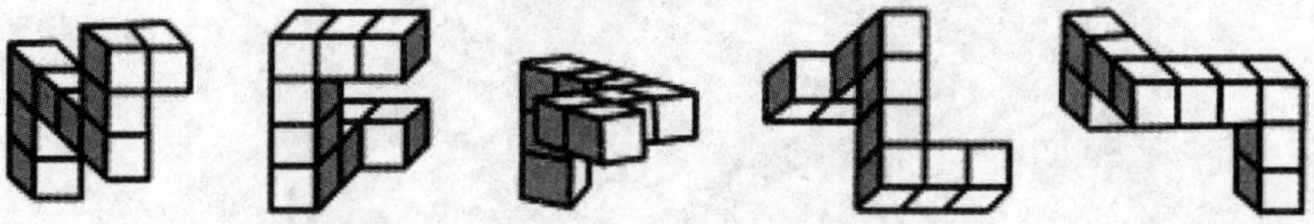

309 哪个立方体，能颠倒过来

从下面这些立方体中随便找一个，仔细观察，想象它的立体形状。然后试着将它“颠倒过来”，你能做到吗？

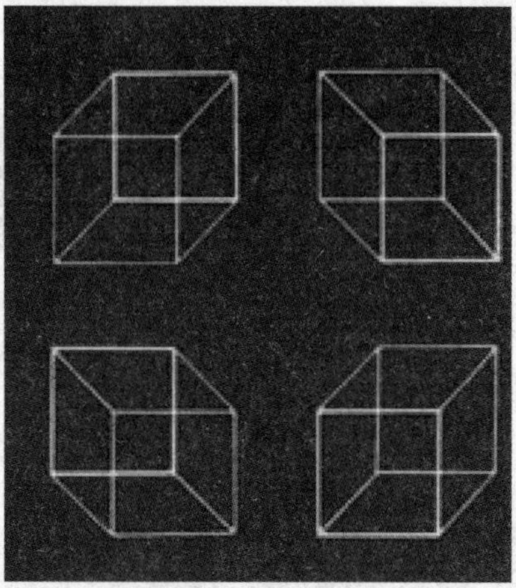

310 平　行

仔细观察图片，这些直线是平行的吗？

311 平面还是立体

仔细看这幅图，你看到的是立体的还是平面的？

312 白方格在第几层

仔细观察这幅图，如果把它看成一幅立体图形，你知道那两个白方格在第几层吗？

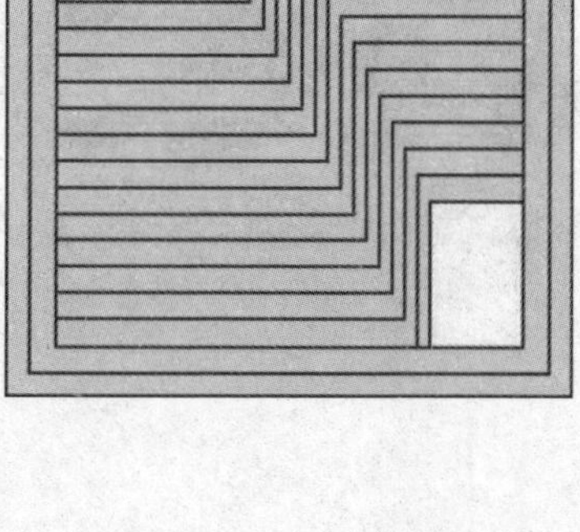

313 上升的线

你能使这些线从纸上升起来吗？

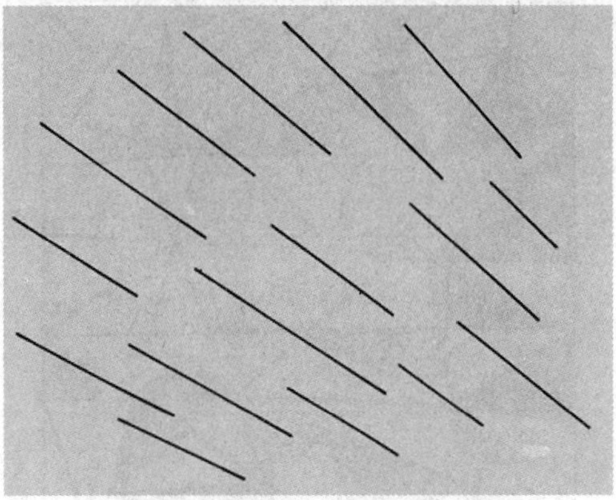

314 球和影的错觉

下面两幅幻觉图中，球相对于背景的位置一样吗？

315 悬浮的花瓶

这个花瓶看起来像是飘浮在地面上，真的如此吗？

316 透视拱廊

仔细看这幅图，相对这条走廊上的柱子来说，为什么这位男士看起来这么大？

317 高与矮

房间中是一个巨人和一个小矮人吗？

318 大小恒常错觉

这个长方体里面的两个人的身高差距真的有那么大吗？

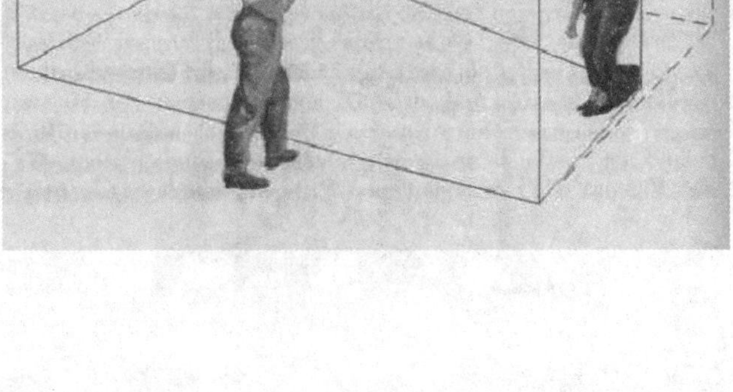

319 透视错觉

请看下面这幅图，这两个长方形，哪个看上去更高一些？

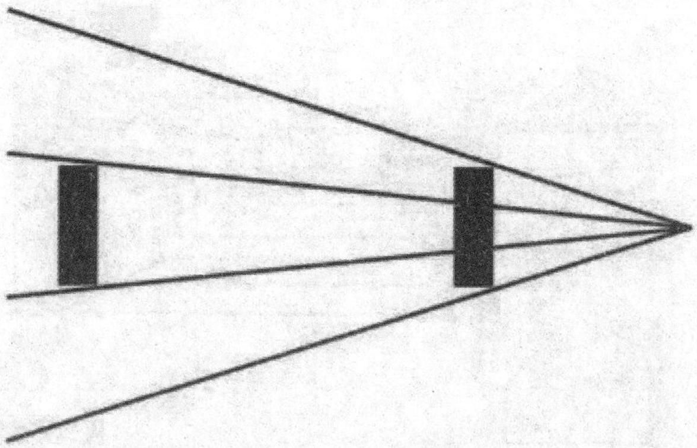

320 奇怪的门

仔细观察这幅图，在上方和下方各有一个黑色的“门”，这两个“门”一样大吗？哪个要高一些？

321 哪条线段更长

判断一下，这幅图中线段AB和线段CD哪条更长？然后再找根尺子量一下。

322 曲线幻觉

仔细观察下图，这些竖线是弯曲的还是笔直的呢？

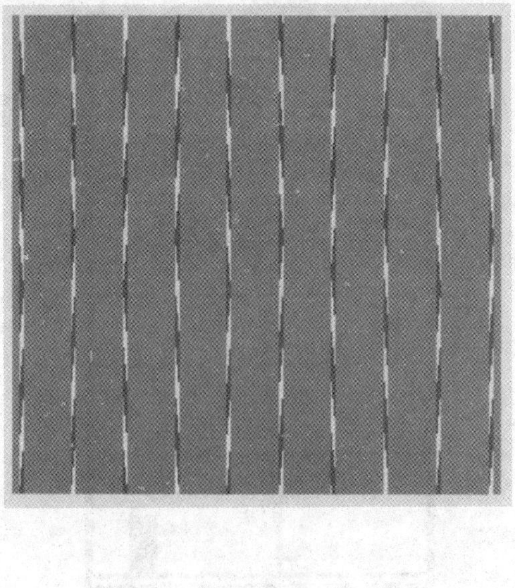

323 隧　道

这条隧道里的三个小人儿，哪个最高，哪个最矮？

324 恐怖的地下室

下图中，从地下室走廊里跑出来的两个“怪物”，哪个大，哪个小？

325 走廊幻觉

站在前景的小人儿和站在后景的小人儿身高相同吗？

326 月亮错觉

这两个球，哪个看上去更大一些？

327 阴影产生的形状

图中有多少球是凹陷的，多少是凸起的？将图片旋转180° 再数数。

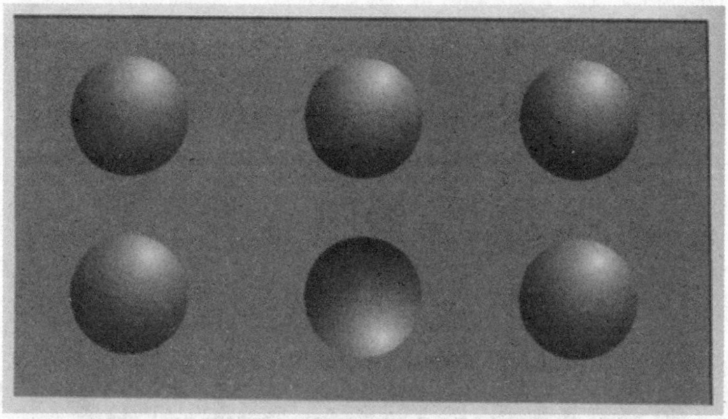

328 书

仔细观察下面这本书，它是正对着你，还是背对着你的？

329 凸与凹

仔细观察这幅图，你能发现它有什么特别的地方吗？哪些是凹进去的，而哪些又是凸出来的呢？

330 凹 凸

仔细观察这幅图，中间的长方形是凹进去的，还是凸出来的？

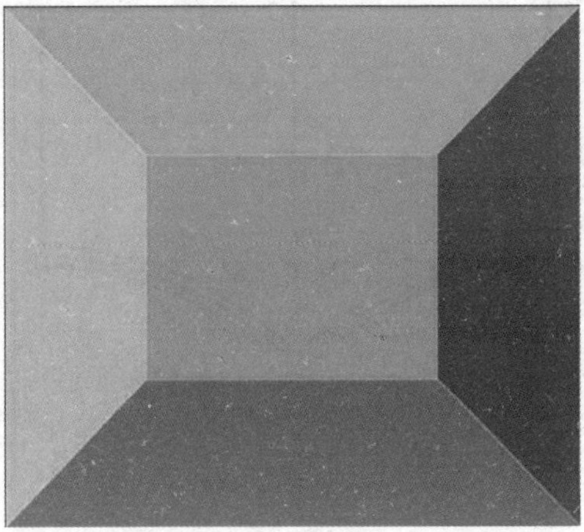

331 凸出来还是凹进去

仔细观察下面这幅图，它是凸出来的，还是凹进去的？

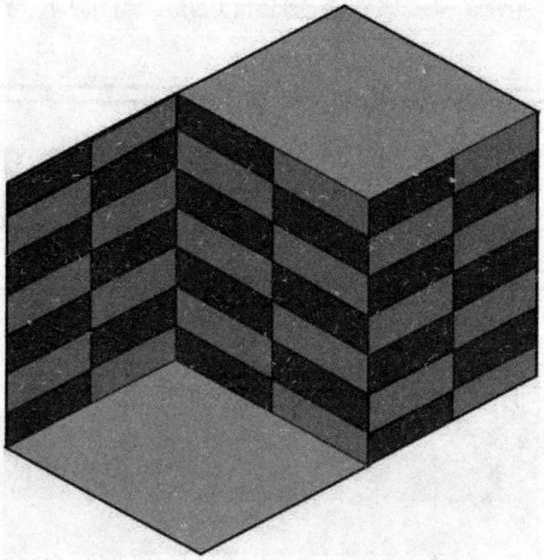

332 深度错觉

这个图形既可以看成凸出来的，也可以看成凹进去的，而且这些正方体还在不断地变换位置，你知道这是为什么吗？

333 门上的洞眼

有两块木门，每块木门有三个形状不同的洞眼。你能设计两个木塞，第一个能够塞住左边的三个洞眼，第二个能塞住右边的三个洞眼吗？

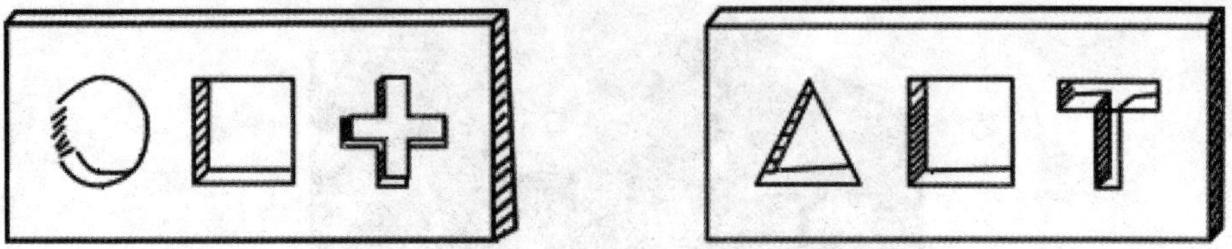

334 三角形管线

这是一个由几个不可能存在的三角形组成的图形。想象这个图形是由金属管制成的，再进一步假设如图所示，我们把一个立方体（深色面朝上）放进去，让它沿着金属管绕行一圈。当它回到原处时深色的一面朝什么方向呢？

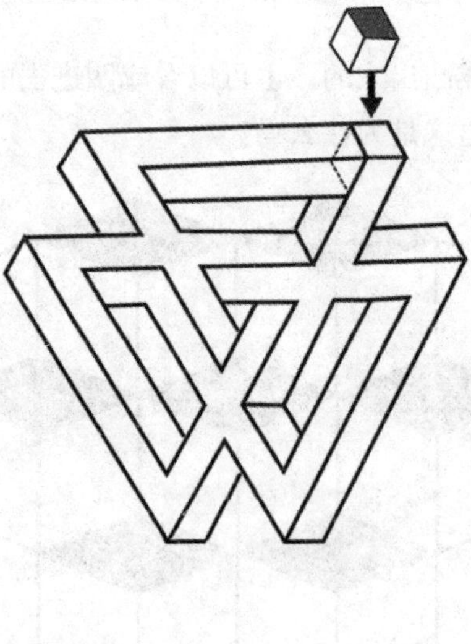

335 穿过自己的带子

这条带子自己穿过自己，如下图所示。你知道如果沿着中间的线把它们剪开，会发生什么情况吗？

336 剪圆环

如下图的四张剪纸，哪一个展开后能够形成一个大环形？

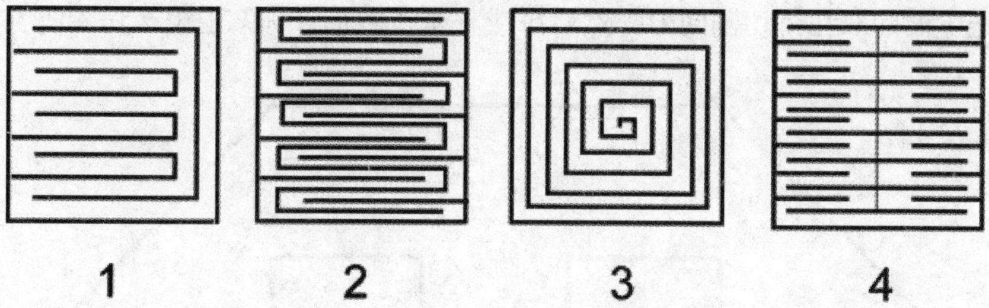

337 三等分

把下面这个图形三等分，你知道怎么才能做到吗？

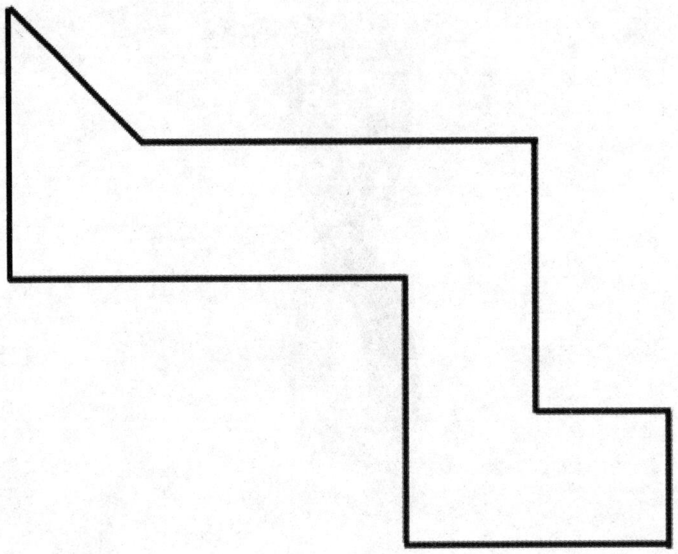

338 切割双孔桥

把下面的双孔桥切割两刀，然后拼成一个正方形，你知道怎么切割吗？

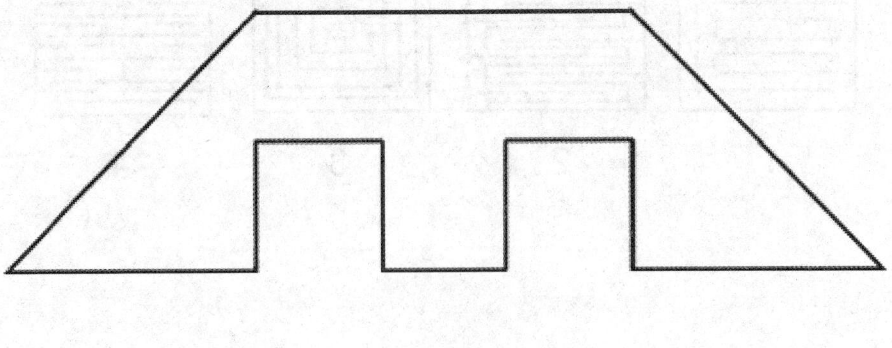

339 二等分

你能将下面的图形分成大小、外形完全相同的两个小图形吗？

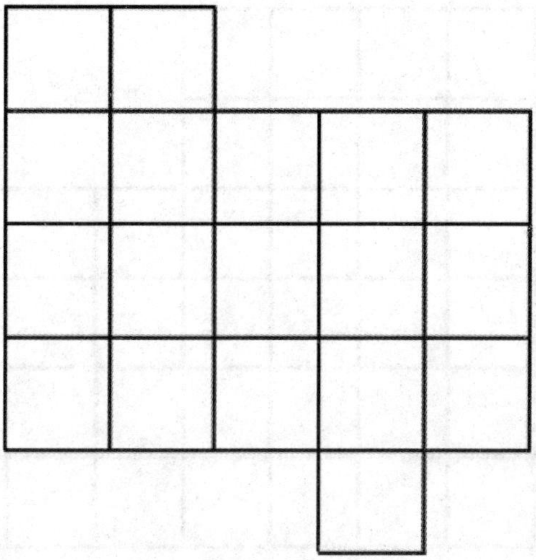

340 三等分

你能将以下三个图形分成大小、外形完全相同的三个小图形吗？

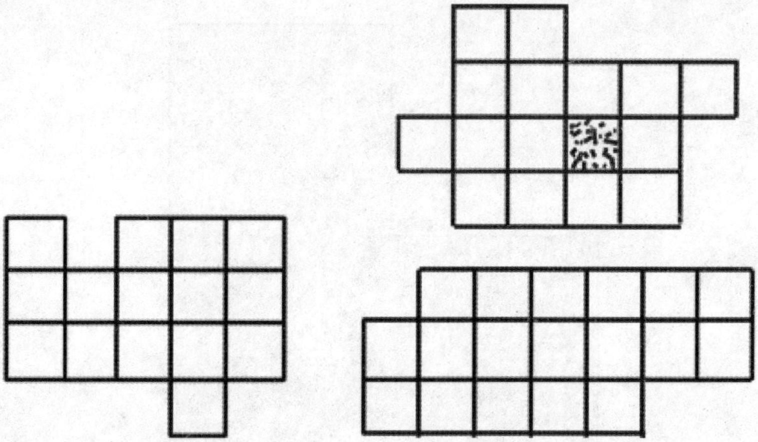

341 平分图形

你能将该不规则图形分成两个相同的部分吗？

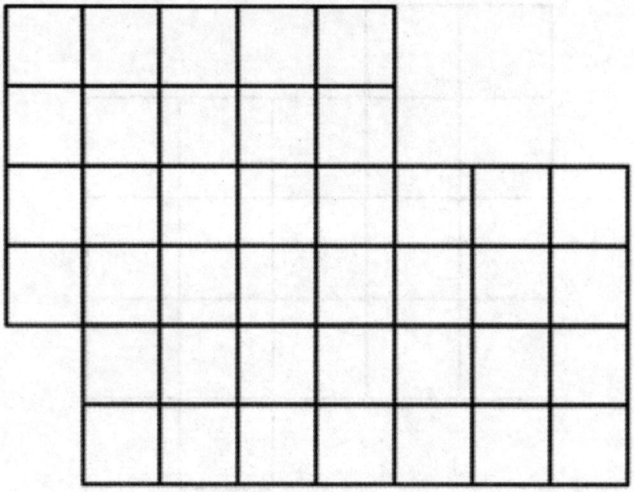

342 分图形

这是一道经典的几何分割问题。请将这个图形分成四等份，并且每等份都必须是现在图形的缩小版。

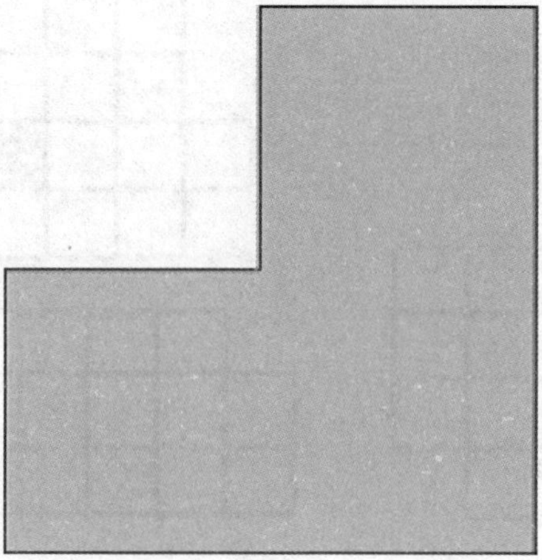

343 四等分图形

你能将这个图形分割成4个相同的部分吗？

344 等分方孔图

将以下图形分为大小和形状均相同的六等份。

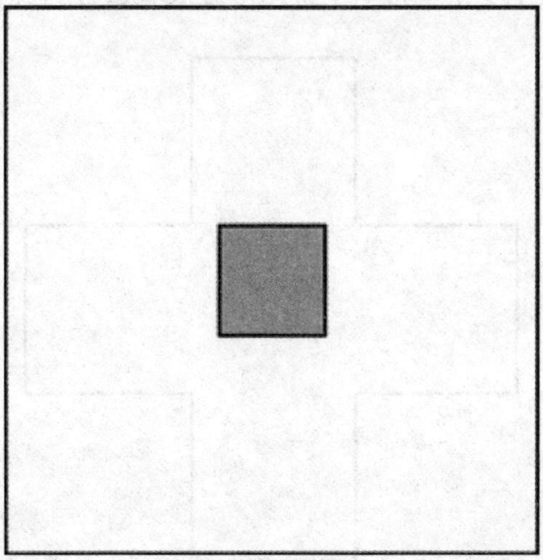

345 一变六

现在有一个正方形纸板，如何将它剪成6个小正方形而没有剩余（六个小正方形不需要同样大小）？

346 有趣的十字架1

有如下图的一个十字架，将十字架图形分成4块，用它们拼成一个正方形。

347 有趣的十字架2

有如下图的一个十字架，将十字架图形分成3块，用它们拼成一个菱形。

348 有趣的十字架3

有如下图的一个十字架，将十字架图形分成3块，用它们拼成一个长方形，并且长是宽的2倍。

349 图形构成

A、B、C、D四个图形分别是由1～4中某几个图形组成的，请你说出A、B、C、D四个图形分别是由哪几个图形组成的。

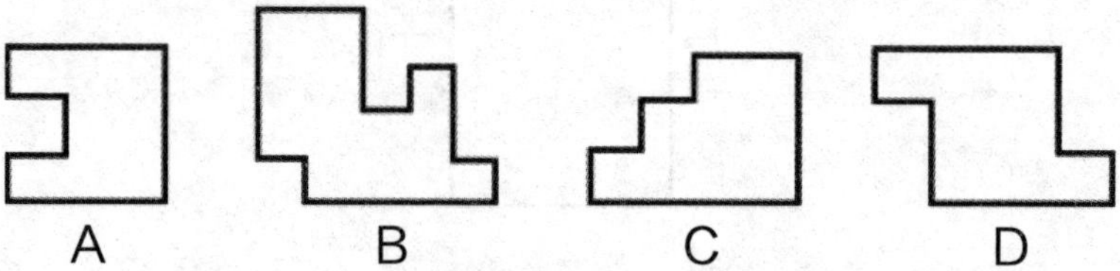

350 切蛋糕

有一个长方形蛋糕，切掉了长方形的一块（大小和位置随意），你怎样才能直直地一刀下去，将剩下的蛋糕切成大小相等的两块？

351 兄弟分家

一位老父亲死了，给两个儿子留下了一块如下图形状的土地，你能否将这块土地分成大小相等、形状也相同的两部分？

352 分　地

一个财主，家里有一块地，形状如下图。他有三个儿子，儿子长大后，财主决定把地分成三份给三个儿子。三个儿子关系不和，要求每个人的地不仅面积一定要一样大，形状也得相同。该怎样分呢？

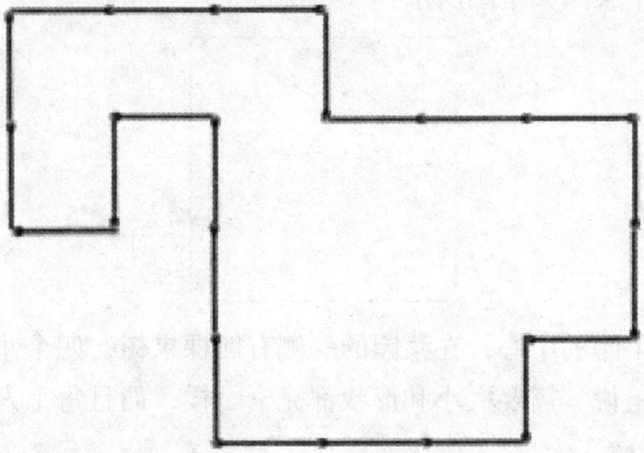

353 四兄弟分家

在一块正方形的土地上，住了兄弟四人，刚好这块土地上有四棵大树。怎样才能把土地平均分给兄弟四人，而且每家都有一棵树呢？

354 分遗产

有一个老员外，他有四个儿子，但是他们之间的关系不好。老员外死了以后，四个儿子闹分家。所有值钱的东西都分完了，还有一个正方形的菜园让他们伤透了脑筋。这个菜园如下图所示：

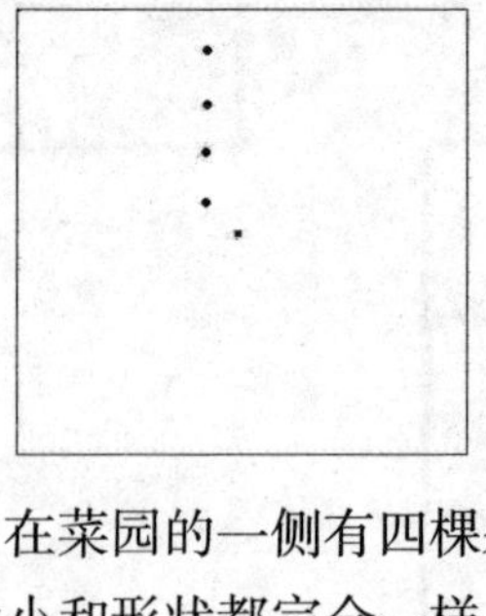

中间一点为菜园的中心，在菜园的一侧有四棵果树，四个儿子都想公平地分这个菜园，也就是说，需要大小和形状都完全一样，而且每个人都能分到一棵果树。请问该如何分？

答　案

1. 三角处的圆圈

全黑圆。

分析：从各三角形上端圆圈看，以及从下边圆圈来看，变化的规律都是圆圈黑影依次多1/4，直至全黑（1/4，1/2，3/4，1）。

2. 两个方块

E。

分析：两个黑色方格依次向右移动一格，当前行没有位置时，则在下一行中出现。

3. 准　星

G。

分析：每一行都有一个完整的圆，将圆的边分成四等份的弧形，每向右移动一次，则四个弧形越向中间靠近，反之则离开。靠近或离开的幅度为使每一列中形成的圆形轮廓大小一致。

4. 黑点与白点

H。

分析：在第2、4、5、7、10、12、13、15格内依次出现黑色方块。一白一黑两个圆点依次向右移动。圆点每经过黑块则变换一次颜色。但在黑块遮盖下不显示颜色，在下次移动到白色时显色。

5. 复杂的规律

B。

分析：每行的变化规律为，将每格方块向右移一格（移出界的放下一行第一列；第三行的最后一个放第一行第一格）然后叉变圆，圆变三角，三角变叉。换行的时候（第三幅图变第四幅图和第六幅图变第七幅图时）直接将图形顺时针旋转90°。

6. 平　移

A。

分析：考虑每行的两个图形（第一行为正方形和十字）的位置关系，第一行小十字为向右移动，第二行小正方形为向下移动，第三行小黑圆应该为向左移动。

7. 奇怪的变换

C。

分析：每个图形中线段的条数分别为1、2、3、4。故选C。

8. 角　度

B。

分析：两条线的夹角度数依次增加45°，选B。

9. 分　支

C。

分析：每个图形中线段的条数分别为1、3、5、7，故选C。

10. 延　伸

C。

分析：两个端点分别继续延伸，故选C。

11. 嵌　套

D。

分析：按规律内层为逆时针旋转，中间一层为上下交替，外层为顺时针旋转，所以选D。

12. 五角星

A。

分析：每一行的三个图案中，星星的数量都在逐渐减少。仔细观察的话还会发现，只有位于图案上侧的星星在减少，这样就能得到答案A。

13. 汉字规律

B。

分析：第一行三个字的笔画数分别是5、6、7，第二行三个字的笔画数分别是5、7、9，第三行三个字的笔画数分别是4、5、6，都是等差数列。

14. 方块拼图

B。

分析：前四幅图是左侧的小长方形依次向右移动，移动到最右侧后，最左侧的长方形继续向右移动，所以就是B选项。

15. 三色方格

A。

分析：把第一个图案的第一排移到第二排，再移到第三排；第二排移到第三排，再移到第四排；第三排移到第四排，再移到第一排。

16. 箭头规律

C。

分析：箭头左右两边的斜短线依次交替增加。

17. 构成元素

A。

分析：数一下每个图案里图标的数量，可以发现一个简单的递增关系。

18. 阳春白雪

A。

分析：每个字的笔画数递增。

19. 黑白方格

B。

分析：每一行都向右移动一个格，从左侧向右侧滚动出现循环。

20. 上下平衡

D。

分析：横线上下小图案的位置变化循环。

21. 移动竖条

C。

分析：每根竖条按照它上面标的数字来移动，标“1”的每次向右移动1格，标“2”的每次向右移动两格……向右移出范围了就从左边出现。这样第四次移动后，所有的竖条都出现在第五条的位置，也就是C选项。

22. 缺　口

A。

分析：上下两个“缺口”分别以逆时针方向扩大。

23. 简　化

B。

分析：依次去掉斜线外面的方框。

24. 旋转的扇形

D。

分析：阴影先逆时针移动三格，再顺时针移动一格。

25. 贪吃蛇

A。

分析：整体的圆圈顺时针移动，黑色圆圈的数量逐渐增多。

26. 角　度

D。

分析：上图可以看作一个逐渐张开的角，下图可以看作一个多边形逐渐增加边的数目。

27. 直线与曲线

C。

分析：第一行的三个图案都是由一段折线和一段弧线组成的，而且折线的段数依次增加。第二行的三个图案都是由一个圆和一个多边形组成的，而且多边形的边数逐渐增加。

28. 组合的规律

A。

分析：第一行的规律是把一幅图案外侧的多边形缩小到图案的最里边，得到下一幅图案。按照这个规律，第二行的第三幅图案应该是A选项。

29. 递增的折线

B。

分析：上下两行图的折线数量都是逐渐递增的。

30. 圆形与正方形

C。

分析：从第一行图可以看出规律是图形从小到大的变化，第二行图是图形从大到小的变化。

31. 三条线段

C。

分析：第一行图形中的三个图形的笔画分别为1、2、3画，且方向相同。选项中只有C满足这个规律。

32. 什么规律

B。

分析：看似复杂的图案规律其实很简单。第一组图的三个图案中的黑点数量分别是2、4、6，第二组图的三个图案中的黑点数量应该是4、6、8。

33. 括号

D。

分析：第一行三个图案的笔画数分别是4、3、2画，第二行三个图案的笔画数应该分别是5、3、1画，都是等差数列。

34. 文字规律

B。

分析：第一行中三个字的笔画数分别是4、5、6画，第二行中三个字的笔画数应分别是2、3、4画，都是等差数列。

35. 简单的图形

C。

分析：第一行图形的边数分别是3、4、5，第二行图形的边数则应分别是4、5、6，都是等差数列。

36.星形图案

C。

分析：第一行三个图案的边数分是8、16、32，第二行图案的边数则应分别是1、2、4，都是等比数列。

37. 切　割

B。

分析：第一行三个图形的内角数分别是6、7、8；第二行前两个图形的内角数分别是9、10，只有B选项的内角数是11个。

38. 线段的规律

D。

分析：组成第一行三个图案的线段数分别是4、3、2；第二行前两个图案的线段数是5、4，所以答案是3条线段组成的D选项。

39. 奇怪图形

D。

分析：第一行各图中图案的数量分别是2、4、8，是个等比数列；第二行各图中图案的数量则应是1、3、9的等比数列。

40. 超复杂图形

A。

分析：数一下每幅图中图案的类型数量可以发现，第一行分别是2、4、6种，第二行就应该是1、3、5种。

41. 线段组合

A。

分析：第一行三个图案分别是由2、3、4条线段组成的，第二行的图案则应由5、6、7条线段组成。

42. 分割火炬

B。

分析：上下两行的图案中直线和图形的交点数量都呈现递减的规律。

43. 圆圈方块

B。

分析：圆圈的数量逐渐增加，方框的数量逐渐减少。

44. 黑白点游戏

B。

分析：黑色圆圈依次增加，白色圆圈依次减少且顺时针移动。

45. 多重箭头

D。

分析：第一行的规律有两个，一个是内有小短线的三角形在顺时针旋转；另一个是小短线的数量依次增加。按照这个规律，第二行的第三个图形应该是三个箭头，方向向左，也就是D选项。

46. 移　动

B。

分析：第一行明显是一条线段在两条直线间逐渐往上移动；第二行可以看作一个“一”字在一个方框里逐渐上移。

47. 奇妙的图案

C。

分析：前四个图案分别是阿拉伯数字“1、2、3、4”的对称组合图形，而C选项是阿拉伯数字“5”的对称组合图形。

48. 巧妙的变化

B。

分析：前四个图形分别是倒过来的英文字母“A”“B”“C”“D”的对称组合，所以答案自然是倒过来的“E”的对称组合了。

49. 几点钟

时针分别指向6、4、2、0（即12）；分针分别指向4、3、2、1。

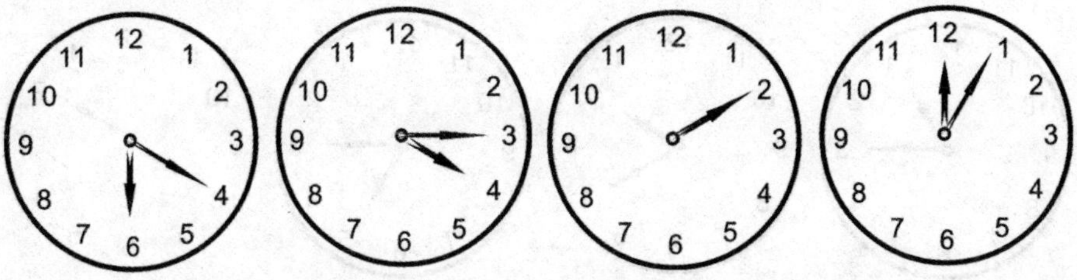

（1）　（2）　（3）　（4）

50. 分针的位置

分针在时针所在位置的顺时针5个间隔的位置。

（1）　（2）　（3）　（4）

51. 指针的规律

时针所指的数字和分针所指的数字之和为13。

（1）　（2）　（3）　（4）

52. 简单的规律

前面钟表的时针和分针所指数字之和为下一个钟表分针所指的位置。时针在分针逆时针方向3个间隔的位置。

（1）　　　　（2）　　　　（3）　　　　（4）

53. 分针的规律

两个指针所指数字的和分别是4、6、8、10。

（1）　　　　（2）　　　　（3）　　　　（4）

54. 奇妙的组合

A。

分析：每一行的第一个图形和第三个图形合成第二个图形。

55. 奇怪的规律

D。

分析：每一行的第一个和第二个图形合并，去掉重复的笔画剩下的图形组成第三个图形。

56. 箭头组合

H。

分析：每行中第二个图形都是由第一个和第三个图形拼在一起组成的。

57. 复杂的图形

C。

分析：将每行的第三个图形放在第一个图形里面，形成第二个图形。

58. 直线与折线

H。

分析：将每行的前两幅图形重叠，重复的笔画去掉，剩余的笔画则构成第三幅图。

59. 巧妙的组合

A。

分析：将每行的第二幅图的边框与第一幅图内部图形的边框重合起来，构成的就是第三幅图。

60. 奇妙的变换

D。

分析：将每一行第一幅图的左右两条线段变成向内凹的曲线构成第二幅图，再将第一幅图的左右两条线段变成向外凸的曲线构成第三幅图。

61. 黑　点

G。

分析：将每行前两个图形中圆圈内部或外部的小球数相加为第三个图中的内部或外部的小球数，如果小球有内有外，则内外抵消。

62. 画方格

A。

分析：如果横向比较没有头绪的话，不如换个思路，看看纵向的三列有什么规律。数一下每个图案上露出的小短线数量，第一列从上到下是5、3、1，第二列从上到下是7、9、11，可以看出都是等差数列。第三列的上面两个图案中露出短线的数量分别是17和15，所以正确答案是露出了13根短线的A选项。

63. 放大与缩小

C。

分析：前一幅图在里边的图案作为下一幅图在外边的图案。

64. 斜　线

D。

分析：很简单的规律，四根斜线依次消失。

65. 圆　点

D。

分析：第一组圆的数量除以第二组等于第三组，每个连续三组都有这个规律。

66. 圆与方块

D。

分析：圆圈的数量乘以2，加上方块的数量，等于8。

67. 直线与黑点

A。

分析：直线下的黑点数乘以2再加上直线上的黑点数等于8。

68. 有缺口的田字

B。

分析：前两个图案重叠起来变成第三个图案，第四、第五个图案重叠起来也变成第三个图案。

69. 涂黑的三角形

A。

分析：比较第一行前两个图案的八个小三角形，如果相同就涂黑，如果不同就涂白，这样就得到了第一行的第三个图案。相同的方法处理第二行的前两个图案，得到的图形如A选项所示。

70. 五角星

D。

分析：把每一行前两个图案重叠起来，删掉重复的线段，就得到了第三个图案。

71. 复杂的图形

C。

分析：从第一行看，先是方框里有一个三角形，然后方框消失，三角形里一个圆圈，最后三角形消失，圆圈里有一个方框。这种循环的变化类比到第二行可以发现，先是雪花在五角星的左边，然后雪花消失，五角星在花瓣的左边，那么第三幅图案就应该是五角星消失，花瓣在雪花的左边，也就是C选项。

72. 线段与圆圈

A。

分析：从第一行可以看出规律是相同图形缩小后的叠加。

73. 涂　色

A。

分析：从第一行可看出规律是前两个图中小方格相同的在第三个图形中为灰色，不同则为白色。每行前两个图形进行比较，相同则第三个图形中为灰色，不同则第三个图形中为白色。

74. 变换的梯形

B。

分析：把第一行第一个图案的梯形看成由左右两个直角梯形组成的，这两个小梯形相向运动重合再分开就分别形成第二、第三两个图案。把第二行的第一个图案也如此分开，就能得出答案。

75. 缺口的大小

B。

分析：第一个图形减去第二个图形得到第三个图形。

76. 组合花瓣

B。

分析：前两个图形相叠加得到第三个图形。

77. 相交的直线

A。

分析：前两个图形重叠得到第三个图形。

78. 黑白格子

B。

分析：把第一行的三个图案重叠起来正好是一个完整的黑色长方形，把第二行的前两个图案和B选项的图案重叠起来正好是一个完整的黑色梯形。

79. 找找规律

C。

分析：把前两个图形重叠后，去掉重复的线段就得到了第三个图形。

80. 四角星

B。

分析：把前两个图形重叠在一起就得到了第三个图形。

81. 黑白网格

B。

分析：把前两个图案重叠，删除掉重复的阴影就得到了第三个图案。

82. 填什么图形

D。

分析：把前两个图案重叠起来就得到了第三个图案。

83. 十字与三角

C。

分析：第一、第二两幅图重叠起来，删除重复的线段，就得到了第三幅图。

84. 黑白格

D。

分析：把每行的三个图案重叠起来，阴影部分正好完成覆盖住整个图形。

85. 花瓣和星星

A。

分析：第一、第二两幅图重叠起来就变成了第三幅图。

86. 心形图案

C。

分析：第一幅图中去掉第二幅图就变成了第三幅图。

87. 放　射

B。

分析：第一、第二两个图案重叠后，去掉重复的部分，就变成了第三个图案。

88. 组合的图形

B。

分析：把第一、第二两个图案的下半部分堆叠起来，就变成了第三个图案。

89. 分散的圆弧

A。

分析：把第一、第二两个图案重叠起来，删掉重复的部分，就变成了第三幅图案。

90. 三角和圆

D。

分析：把第一、第二个图案重叠起来，删掉重复的部分，就变成了第三个图案。

91. 简单的规律

A。

分析：第一组图为第一个图形与第二个图形重合，不相同部分留下，第二组图也如此。

92. 涂黑色块

C。

分析：比较第一组前两个图案，色块相同就涂成白色，色块不同就涂上阴影。

93. 阴影方格

D。

分析：比较第一、第二两幅图，色块黑白相同就涂成黑色，色块黑白不同就涂成白色。

94. 阴影的位置

A。

分析：比较第一、第二个图案，色块黑白相同就涂成黑色，色块黑白不同就涂成白色。

95. 合二为一

D。

分析：前两幅图重叠起来，重复的部分就是第三幅图。

96. 漏　斗

C。

分析：把每一组图中的前两个图案重叠起来，重复的部分就是第三个图案。

97. 折　线

B。

分析：把每一组图中的前两个图案合并起来，去掉重复的部分，就是第三个图案。

98. 黑白三角

D。

分析：把前两个图案重叠起来，重复的部分都用白色涂满，就是第三个图案。

99. 消失的圆圈

B。

分析：把前两个图案重叠起来，去掉重复的部分，就是第三个图案。

100. 缺 口

A。

分析：每一组的第一和第三个图案拼接在一起可以组成第二个图案。

101. 光与影

A。

分析：第一组图是把第三个图案放到第二个图案上去变成第一个图案；第二组图是把第二个图案塞到A图案里去变成第一个图案。

102. 阴 影

C。

分析：把前两个图案重叠起来，重复的阴影部分去掉，这样留下的图就是第三幅图了。

103. 正方形变换

C。

分析：把前两个图案重叠起来，去掉黑色部分，就是第三幅图了。

104. 三 角

B。

分析：把第二个图案放到第一个图案的上面，就成了第三个图案。

105. 共同的特点

D。

分析：把前两个图案重叠起来，重复的部分就是第三个图案。

106. 折线组合

B。

分析：第一个图案和第三个图案重叠在一起就组成第二个图案。

107. 元素组合

C。

分析：第一、第二个图案重叠起来就是第三个图案。

108. 十字架

D。

分析：第一、第二个图案重叠起来，图形外边的轮廓就是第三个图案。

109. 三角形与正方形

C。

分析：把第一、第二个图案重叠起来就是第三个图案。

110. 直线组合

C。

分析：先在第一幅图的上下各加一条横线，再在第二幅图的左右各加一条竖线。

111. 近似图形

C。

分析：都是一个图形旋转90° 后与原图重叠组成的新图形。

112. 斜　线

G。

分析：以中间格的“×”为中心对称。

113. 变化的方块

B。

分析：以中间格为中心对称。

114. 特定的规律

H。

分析：以中间格为中心对称。

115. 奇怪的眼睛

B。

分析：圆形里面的小球位置为右上、右下、左下、左上循环；颜色则以右上、左上为黑色，右下、左下为白色。

116. 九点连线

A。

分析：分别以中间行的三个点为中心的三个“指针”依此顺时针旋转，形成下一个图案。

117. 四条线段

E。

分析：将每一行第一个图案的右下角笔画旋转90°构成第二个图案，再将第二个图案的左上角笔画旋转90°构成第三个图案。

118. 直线与斜线

B。

分析：以中间格为中心，两两对称。

119. 骰子对比

C。

分析：根据前两个图案的位置关系可知第三个图案的正面为十字，并由上下面关系可知，选C。

120. 带箭头的三角

C。

分析：每一行都有这样的规律，第一个图案左右翻转得到第二个图案，第二个图案上下翻转得到第三个图案。

121. 螺旋线

A。

分析：初看这个题目可能一时找不到分析的入手点，但仔细观察螺旋线的方向就可以找到规律。第一行的旋转曲线从外往里，分别呈顺时针方向、逆时针方向、顺时针方向。第二行则是逆时针方向、顺时针方向、逆时针方向。可以看到，每一行的第一格和第三格是方向相同的，第二格则方向相反。第三行前两格的图形分别是顺时针方向和逆时针方向，所以只有A选项的顺时针方向才符合这个规律。

122. 黑色方块

B。

分析：可以看出，小黑方块的位置是唯一的线索。按顺时针方向依次观察外围的几个方格，可以发现，小黑方块的位置正好旋转了90°，也就是B选项。

123. 图形构成

A。

分析：每一行短线段的位置是逆时针移动的，只有A选项符合这个规律。

124. 折　线

A。

分析：把正方形中间的线分为两个部分观察。可以看出，上半部分的短线是逆时针旋转，每次旋转45°；下半部分的短线是顺时针旋转，每次旋转90°。按照这个规律，下一幅图的两根短线正好重合，也就是A选项所示。

125. 三角和圆圈

A。

分析：把五个图案联系起来看就能发现是以第三幅图案为轴左右对称的。

126. 砖　头

D。

分析：五个图案是以第三幅图案为中心左右对称的。

127. 直线与椭圆

A。

分析：数一下图案中元素数量的话，可以发现一个简单的规律，4、3、1、3、4。

128. 美丽的图形

B。

分析：题中的四个图案都是中心对称的，也就是图案以中心旋转180°后和原来的图形重叠，选项中只有B符合这个规律。

129. 遮　挡

D。

分析：题中四个图案都是由两个上下对称的图案重叠遮挡组成的，只有D选项符合这个规律。

130. 雪　花

A。

分析：小球的位置按照逆时针方向旋转，小球的颜色交替变化。

131. 双色板

D。

分析：首先根据黑色长方形的旋转规律可以排除掉A选项。然后两个小圆圈有什么规律呢？白圆圈是在顺时针方向旋转，第四个图案中应该处在右下角的白圆圈被黑圆圈挡住了；黑圆圈的位置则是在左上角和右下角来回变化，第二、第三个图案中的黑圆圈被黑色长方形挡住了。按照这个规律，接下来的图案应该是D选项。

132. 线条与汉字

B。

分析：杂乱的线条和汉字之间有什么联系呢？分别数一下上边四个图案最少能用几笔画出来，1、2、3、2，所以答案是能用一笔连着写完的“红”字。

133. 共同的特点

C。

分析：A、C都是中心对称图形。

134. 旋转的角度

B。

分析：前面的四个图案都可以通过旋转一定的角度变成一个正立的“S”，选项中只有B项的图案满足这个条件。

135. 分割的正方形

C。

分析：图案顺时针旋转。

136. 灰色半圆

D。

分析：图案顺时针旋转，每旋转一次黑白两球的位置互换一次。

137. 椭圆阵列

C。

分析：顺时针地依次移走4个中间的小椭圆。

138. 双层图案

D。

分析：图内的小图案在进行顺时针移动。

139. 有什么规律

D。

分析：以第三个图案为中心，左右两边的图案互相颠倒。

140. 转弯的箭头

A。

分析：图形逆时针旋转。

141. 图形组合

D。

分析：比较上下两组图，可以看出把上组图的每个图案拆分，再旋转90°，就得到了下组图的图案。

142. 字母也疯狂

A。

分析：第一组图的三个字母是小写—大写—小写，第二组图的三个字母是大写—小写—大写。

143. 没规律的线条

D。

分析：上组图的三个图案都是轴对称的，下组图的三个图案都是中心对称的。

144. 圆圈与三角

C。

分析：上下两组图的三个图案都是以中间的图案对称的。

145. 轮　廓

D。

分析：把上组图里每一幅图的左右两边往里翻转就变成了下组图。

146. 带斜线的三角

C。

分析：上组图的规律是第一个图案上方的三角形分别连续往下翻转两次，构成第二、第三两幅图。下组图则是第一个图案上方的两个三角形一起往下连续翻转。

147. 双色拼图

A。

分析：规律是第一个和第三个图案以中间的三角形为轴对称，黑白颜色相互对应。

148. 阴影图形

B。

分析：把上一组图中每个图案中原本在外面的图形放到里面，再把图案的顺序颠倒一下，就变成了下图。

149. 另类箭头

C。

分析：上图是逆时针转，每转90° 在下面加一横；下图是从有小圆的90° 扇形开始逆时针旋转，每旋转一次，每个扇形内加一个小圆。

150. 奇怪的旋转

C。

分析：上图的第一个图案顺时针旋转90° 变成第二个图案，再顺时针旋转90° 就变成了第三个图案；同理，下一组图的第一个图案两次顺时针旋转90° 就得到了第三个图案。

151. 黑白方格

D。

分析：把里边和外边的黑色部分分开观察，可以看出里边的黑色部分逆时针旋转，外边的黑色部分顺时针旋转。

152. 砖　块

A。

分析：上一组图是从图一开始逐渐顺时针旋转得出图二、图三，下一组图同规律。

153. 变　形

C。

分析：上下两组图都是在顺时针旋转。

154. 黑白方块

D。

分析：上下两组图都是在顺时针旋转。

155. 不一样的箭头

A。

分析：图形逆时针旋转。

156. 阴　影

B。

分析：阴影部分逆时针扩散。

157. 两个方块

A。

分析：小方块逆时针旋转。

158. 旋　转

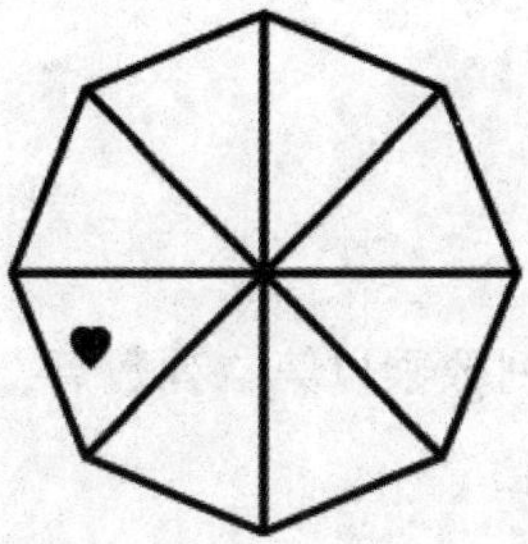

规律是先沿着逆时针方向转动一格，然后转动180°；再逆时针方向转动一格，然后转动180°。如此反复。

159. 两两对应

E。

分析：图A与D、图B与C两两镜像。只有E与其他不同。

160. 与众不同

是C。

分析：其他图形都相对于那条粗线对称。

161. 找不同

是C。

分析：其余的四幅图都是中心对称图形。

162. 对应关系（1）

E。

分析：把图形从中间剪开，并把两侧合并在一起。

163. 对应关系（2）

C。

分析：把图形的下半部分向上折叠。

164. 数字之谜

11。

分析：每个图形上面三个数字之和减去下面两个数字之和，结果为中心的数字。

165. 猜字母

M。

分析：按照字母表的顺序，从字母A开始，顺时针方向，每两个字母之间均间隔三个字母。

166. 复杂的表格

22。

分析：每一行中，第一列数乘以第二列数后，加上第三列数，等于第四列数。如：$2\times9+6=24$。

167. 缺少的数字

2。

分析：每行第一列的数字乘以第二列的数字减去第三列的数字乘以第四列的数字的差等于第五列的数字。

168. 按键密码

2314。

分析：规律是同一行的前两位数乘以其后两位数等于后面的4位数。

例如：$55\times67=3685$，$92\times17=1564$。

169. D代表什么

3。

分析：这个图表示的是钟表的两个指针的位置，第一个是0点，第二个是9

点，第三个是6点，第四个是3点。所以D代表的是3。

170. 五角星的数

12。

分析：五角星上面一个数加下面两个数等于中间两个数之和。

171. 填数字

7。

分析：每个三角形的数字排列规律是：三角形的三个角上的数相加，再乘以2，即为中间的数。问号处的数应该是：32 ÷ 2–（2+7）=7。

172. 分割圆环

6。

分析：每个圆中左右两个数字之和再加3等于下面的数字。

173. 罗盘推数

120。

分析：9 × 13=117，23 × 4=92，8 × 15=120。

174. 补充数字

12。

分析：图形中左侧的1+2+3与4+6+8+3相差15，右侧的3+6+9与3+8+14+8相差15，所以1+4+7与2+6+？+7也应相差15，7+8+9与6+14+？+7也相差15。

175. 数字箭靶

外圈数是中圈数的2倍，中圈数与内圈数的差是25。外圈数是70，64，72，56，内圈数是21，1，35，26。

176. 圆环上的数字

E。

分析：外圈和里圈数字之和都是24。

177. 对应数

18。

分析：相对的两个数是2倍关系，所以是18。

178. 数字填空

4。

分析：图中数字排列的规律是，外圈每格两个数字相乘，其积等于内圈顺时针方向的下下格里的数字。

179. 灰色九宫格

A。

分析：每一行都是从下到上一、二、三个灰色方格。第一行在最左边，第二行在中间，第三行在最右边。

180. 圆、三角、方块

E。

分析：九个图案中，每种图案有三个，所以缺少的那个应该是圆圈。

181. 三条直线

F。

分析：这九个图由三个单线、三个双线、三个三线构成。每行、每列各有一个单线、一个双线、一个三线，而且位置是横、竖、斜。

182. 三叶草

D。

分析：每个图形中都有三个灰色格。九个图形中分成了三种，一种三个灰色格之间隔着两个白色格子，一种灰色格之间隔着一个白色格子，一种灰色格之间隔着三个白色格子。每行和每列三种图形各一个，且方向也是平均分配的。

183. 黑与白

A。

分析：九个图形除了第一个空白图之外，都是由实心圆、实心方块、空心圆、空心方块四个图案组成的，每个图形使用三次。由此即可得出答案。

184. 黑白点

B。

分析：每行和每列都有圆、三角、正方形各一个，白球两个、黑球一个，且黑球在里面，白球一个在里面、一个在外面。

185. 开　口

H。

分析：基本图形是正方形、梯形、一边为圆弧的正方形三种，区别在于一个全开口、一个半开口、一个不开口。每行和每列的三种图形各一个，开口方式各一种。

186. 图形组合

G。

分析：每个图形都由两部分构成，一部分由空心正方形、圆形和十字构成，另一部分则由黑色的实心正方形、圆点和乘号构成。每种基本图形都出现三次。

187. 花瓣变化

E。

分析：第一行的正方形经过扭曲变换成风车状；第二行中，加号经过倾斜变成乘号；第三行的小正方形要经过扭曲和倾斜两种变换，得到的就是所要的图形。

188. 两条曲线

G。

分析：这九个图形由S、反S和8字形三种图形构成，每行和每列每种图形各一个，且角度分别为横、竖、斜。

189. 三色柱状图

F。

分析：图为深度不同的柱状图，每种颜色的不同高度的柱分别有三个（比如黑色的一格的柱有三个，黑色的两格的柱有三个，黑色的三格的柱也应该有三个），而且每行中，柱状图的方向分别为正、左、右。

190. 位置关系

C。

分析：每行的主要图形都相同，次要图形依次是星、空白和圆点，位置分别为左、空、右上。

191. 跳舞的人

D。

分析：观察每一行三个小人的“手”“身体”和“脚”的变化情况，即可得出答案。

192. 复杂的规律

A。

分析：数一下每个图案把平面分割的份数，第一行分别是4、3、4份，第二行分别是2、4、5份，也就是每一行一共有11份。再数一下第三行，即可知道答案为A选项。

193. 九宫图案

C。

分析：无论横着看，还是竖着看，三个方框中的图案数量都是九个。

194. 男人女人

D。

分析：每个图案都可以分解为“头”“脸”“身体”和“腿”四个部分。比较每一行图案中的各个元素，即可得出正确答案。

195. 大头娃娃

C。

分析：比较每一行图案中的“耳朵”“眼睛”“嘴巴”三个元素，即可得出正确答案。

196. 日月星辰

C。

分析：比较每一行中的框架结构和小图标类型及个数，可以得出正确答案是C。

197. 黑白图形

D。

分析：每一行的三幅图中，上面小图案都不同，下面的图案相同，且每行图案的上部分两黑一白，下部分两白一黑。

198. 多边形

C。

分析：观察下面一组图的前两个图案可以发现，外侧的两个多边形是同方向的，最里边的多边形则旋转了一个角度。选项里只有C是符合这个规律的。

199. 有趣的方格

C。

分析：如果把上下两组图的图案分别比较一下就能看出一个简单的对应关系，小于号对应圆圈，方块对应三角形，阴影对应横线。这样即可知道答案是C选项。

200. 奇怪的规律

B。

分析：上下两组图中应都有长方形、平行四边形、三角形、圆形；第一个图案的圆在外面，第二个图案中没有圆，第三个图案的圆在里面。

201. 三角形

B。

分析：上一组图的第一、第二两个图案中都有第三个图案；下一组图的第一、第二两个图案中都有一个直角三角形，因此选B。

202. 花瓣图形

A。

分析：上下两组图对比可以看出相似性，把上一组图三个图案中的直线变成曲线，曲线变成直线，就一一对应到下一组图的三个图案。

203. 简单的规律

D。

分析：上一组图三个图案的底下都有一条横线，下一组图三个图案的顶部也都有一条直线。

204. 复杂的图形

D。

分析：上下两组图的三个图案一一对比可以发现，下一组图的图案都含有上一组图的构成元素。

205. 小圆圈

B。

分析：下一组图图案中的顶点分布和上一组图中圆圈的分布一样。

206. 图形对比

C。

分析：上下两组图的三个图案一一对比可以发现，把上一组图的曲线换成直线，直线换成曲线，就变成了下一组图。圆可以看作由三个圆弧组成的。

207. 对应关系

B。

分析：上一组图中的每一个图案的各个元素都在下一组图中出现一次。

208. 切割图形

C。

分析：下一组图直线的方向和上一组图一致，并且比上一组图多一条。

209. 三角形与扇形

A。

分析：把上一组图中三角形的斜边变成圆弧，就变成了下一组图。

210. 直线和曲线

D。

分析：上下两组图一一对应，上一组图的直线变成弧线。

211. 金字塔

A。

分析：把下一组图每一层的图案类比到上一组图就可以看出规律了。

212. 黑白图案

A。

分析：上下两组图对比一下，忽略外部的小图形，第一个图案都是黑白两色的，第二个图案都是黑色的，第三个图案应该都是白色的。只有A满足这个规律。

213. 表　情

A。

分析：每个图案由“头发”“脸”“眼睛”“嘴巴”四个元素组成。分别比较下图和上图中的这四个元素，发现下图的第三个图案只能是A选项。

214. 斜　线

A。

分析：比较上下两组图线条的方向，可以知道答案是A选项。

215. 圆与三角形

D。

分析：把上一组图的圆换成三角形就成了下一组图，只有D选项是三个三角形堆成“品”字形。

216. 简单的规则

A。

分析：全部都是闭合的图形。

217. 找共同点

D。

分析：上图中五个图案看不出什么变化的规律，但都是由曲线组成的。

218. 螺旋曲线

D。

分析：每个图形都有5个交点。

219. 钉木板

A。

分析：只有朝外的角上才有点。

220. 直线三角圆圈

A。

分析：初看似乎没什么规律，但数一下每个图案里小图标的数量呢？没错，规律很简单，每个图案里有5个小图标，所以答案是A选项。

221. 小图标

A。

分析：从图案的形状、黑白等方面来看的话，上面的四幅图似乎没有什么规律，但数一下每一幅图案中图标的数量可以看出一个简单的规律：每个图案中都有4个小图标。选项中只有A选项符合。

222. 汉字有规律

A。

分析：粗看没什么规律，仔细观察可以发现，上一组中的三个字都含有“土”字，下一组的三个字都含有“又”字。

223. 汉字的规律

C。

分析：上下两组字互相之间都有结构上的相似。

224. 奇妙的规律

C。

分析：上下两组图中，第二个图案的三条线段分别和第一个图案三角形的三条边垂直，第三个图案的三条线段分别和三角形的三条边平行。

225. 不同的规律

A。

分析：只有A图形里面没有钝角（答案仅供参考）。

226. 星光闪闪

A。

分析：每组图中只有一种小图案是出现两次的。

227. 直线与弧线

C。

分析：都是由两条直线和两条弯曲方向一致的曲线组成的。

228. 字母逻辑

A。

分析：第一行的三个字母都是由两条线段组成的，第二行已知的字母都是由三条线段组成的。

229. 跳舞的孩子

D。

分析：下一组三个图形中的“身体”和“脚”都没有重复。

230. 曲　线

D。

分析：上一组图的三个图案中，直线段和弧线段只有一个交点；下一组图的三个图案中则都有两个交点。

231. 直　线

C。

分析：上一组图的图案都是由三条线段组成的，下一组图的图案都是由四条线段组成的。

232. 复杂曲线

B。

分析：上一组图的三个图案都是由三段线组成的，下一组图的三个图案则都是由四段线组成的。

233. 折线与直线

B。

分析：每个图案都是由三条直线段或折线段组成的。

234. 找规律

C。

分析：上图都是三个笔画，下图都是四个笔画。

235. 字母的规律

C。

分析：第一行的三个字母都有弧线段，第二行的三个字母都是由直线段组成的。

236. 神奇的规律

C。

分析：都是一笔画图形。

237. 方格阵列

D。

分析：上一组图都由五个小长方形组成，下一组图都由六个小长方形组成。

238. 曲线组合

A。

分析：上下两组图每个图案都是由四个元素构成，选项中只有A项满足。

239. 线条的规律

B。

分析：尽管没有什么笔画数上的规律，但所有图案都是可以用“一笔画”来完成的。

240. 阴影的共性

A。

分析：上下两组图的各个图案中，两块阴影部分的面积都是相等的。

241. 小黑点

D。

分析：上一组的三个图案中小黑点在图形里，且个数均为奇数；下一组小黑点应在图形外，且个数为偶数，所以选D项。

242. 双层边线

C。

分析：从图形的形状上看不出什么明显的规律，观察图形外侧线的位置，上一组图的直线位置分别是左、下、右，下一组图的折线位置是左上、上、右上。

243. 线条推理

这些线条是扑克牌四种花色的图案的右半部分。

244. 找数字规律

64。

分析：每个数字依次是1、2、3、4、5、6的立方。

245. 组成单词

是GOODBYE。

246. 写数列

11，5。

分析：分为奇数项和偶数项，分别有一个规律。奇数项的规律是1、3、5、7……偶数项的规律是10、9、8、7……

247. 下一个数字

17。

分析：是从小到大的质数排列。

248. 字母排列

E。

分析：奇数项和偶数项分别按字母顺序表排列。

249. 代表什么

6。

分析：根据图形的边数得到此规律。

250. 数字找规律1

129。

分析：

9+3=12

12+（3×3）=21

21+（3×3×3）=48

48+（3×3×3×3）=129

251. 数字找规律2

15。

分析：前一项与后一项之差构成一个等差数列。

252. 数字找规律3

6。

分析：相邻两项之差构成一个等差数列。

253. 数字找规律4

5。

分析：奇数项为8、7、6……偶数项为6、5、4……

254. 数字找规律5

4。

分析：将每项开二次方后即为下一项。

255. 数字找规律6

1。

分析：奇数项为1、–1、1、–1……偶数项为0。

256. 数字找规律7

2。

分析：将后一项平方减1即为前一项。也就是说，将前一项加1后开方即为后一项。

257. 智力测验1

14。

分析：$2+3=5$，$5+3=8$，$8+3=11$，$11+3=14$。所以答案为14（等差数列）。

258. 智力测验2

14。

分析：隔项成等差数列。

259. 智力测验3

238。

分析：$2\times3+1=7$，$7\times3+3=24$，$24\times3+5=77$，$77\times3+7=238$。所以答案是238。

260. 猜数字1

50。

分析：相领两个数的差分别为2、3、4、5、6。

261. 猜数字2

40。

分析：奇数项为公差为5的等差数列，偶数项为公差为4的等差数列。

262. 猜数字3

32。

分析：相邻两项之积为后一项。

263. 猜数字4

5。

分析：奇数项为1、3、5、7……偶数项为10、5、0、–5……

264. 猜数字5

8。

分析：奇数项之差为一个3、7、3、7、3、7……数列。偶数项之差为7、3、7、3、7、3……数列。

265. 数字的规律8

866。

分析：从第三个数字开始，每个数字都是前一个数字的平方加再前面数字的平方，例如：$2\times2+1\times1=5$，所以$29\times29+5\times5=866$。

266. 有名的数列1

34。

分析：这是著名的斐波那契数列，它的规律是从第三项开始，每一个数等于前面两个数之和。这个数列有很多有趣的数学性质，所以变得非常有名。

267. 有名的数列2

47。

分析：这同样是一个有名的数列，叫卢卡斯数列，是仿斐波纳契数列，从第三个数字开始，每个数都等于它前面两个数之和。最神奇的是任意取两个相邻的数，然后用大数去除以小数，得到的结果是一个接近“黄金比例”1.618……的数，而且越到后面越接近。

268. 天才测验1

31/185。

分析：分子与分母有不同的规律。

分子的规律是：前一项与后一项的差成等差数列，所以是31。

分母的规律是：

$5=1\times5$

$20=2\times10$

$51=3\times17$

$104=4\times26$

后面的数的差又成等差数列，所以下一个是$5\times37=185$。

269. 天才测验2

238。

分析：后一项与前一项的差成等比，所以是238。

270. 天才测验3

25。

分析：

$7\times2-4=10$

$10\times3-5=25$

$25\times4-6=94$

$94\times5-7=463$

271. 天才测验4

32。

分析：差成等差数列。

272. 天才测验5

29。

分析：（奇数项–4）÷2，偶数项直接÷2。

273. 天才测验6

98。

分析：差为等差数列。

274. 天才测验7

36。

分析：规律是从第一个数开始分别×3、÷2、×3、÷2。所以答案是36。

275. 天才测验8

343。

分析：第1个数和第2个数相乘等于第3个数的2倍，所以是14×49÷2=343。

276. 天才测验9

88。

分析：差成等比。

277. 下一个数字是什么

21。

分析：前一项加一等于后两项之和。

278. 寻找数字规律

50。

分析：这是著名的大衍数列，它的规律是：如果是第奇数项（n），那么这个数是（n^2–1）÷2，如果是第偶数项（m），那么这个数是m^2÷2。这个数列可以用来解释中国的太极衍生原理，所以变得非常有名。

279. 字母旁的数字

23。

分析：字母旁边的数字是代表这些字母在字母表中的序号。

280. 猜字母1

N。

1、2、3、4、5、6、7、8、9的英文one、two、three、four、five、six、seven、eight、nine的第一个字母。

281. 猜字母2

L。

分析：键盘第二排的顺序。

282. 猜字母3

Y。

分析：键盘第一排字母的顺序。

283. 字母找规律

M。

分析：按字母表中的顺序，每两个字母间都隔着两个其他字母，所以后面的空格处应该填M。

284. 智力测验4

V。

分析：按照字母表的顺序，题中相邻两个字母或间隔两个字母，或间隔三个字母，所以答案是V。

285. 填字母

S，S。

分析：这七个字母是星期的英文的第一个字母。

星期一：Monday。

星期二：Tuesday。

星期三：Wednesday。

星期四：Thursday。

星期五：Friday。

星期六：Saturday。

星期天：Sunday。

286. 缺的是什么字母

M，J，O，N

分析：这十二个字母是月份的英文第一个字母。

一月：January 简写Jan.
二月：February 简写Feb.
三月：March 简写Mar.
四月：April 简写Apr.
五月：May 简写May.
六月：June 简写Jun.
七月：July 简写Jul.
八月：August 简写Aug.
九月：September 简写Sep. / Sept.
十月：October 简写Oct.
十一月：November 简写Nov.
十二月：December 简写Dec.

287. 绳　结

第一个结会结死，第二个结会打开。

288. 没打结的绳子

2和3不能打成结。

289. 结的影子

对于绳子上的3个相交处，共有8种可能的交错情况。其中只有两种能形成一个结，所以概率是1/4。

290. 拉绳子

不会挂上，绳子会与钉子脱离。

291. 几根绳子

由两根绳子构成的是C。

292. 是否连在一起

它由两根分开的纸带组成的，可以把它们分开。

293. 电　路

1与C、2与A、3与B是相通的。

294. 解开铁环

打开右下角那个铁环即可。

295. 第三根铅笔

是编号为6的那一个。

296. 展开图

B。

分析：根据三角所在位置，只有B符合要求。

297. 正视图（1）

A。

298. 正视图（2）

D。

299. 左视图

C。

300. 俯视图

C。

301. 翻　身

B。

分析：根据各根火柴的前后位置判断。

302. 折叠立方体

C。

分析：只有C选项满足要求，大家可以自己折叠一下试试。

303. 折不出的立方体

D。

分析：其他的图形都可以折叠出来。

304. 立方体网格

只有3、5、7可以组成立方体。

305. 骰子构图

E。

306. 骰子推理

e。

分析：这道题考查你的空间想象能力，b的对面应该是e。如果还不明白，手做一个骰子看看就知道了。

307. 图案盒子

a。

308. 找正确的图形

3。

分析：原图有七个立方体（深色的七个小立方体）排列在一个平面上，请注意它们排列的相对位置，只有图3是相同的。

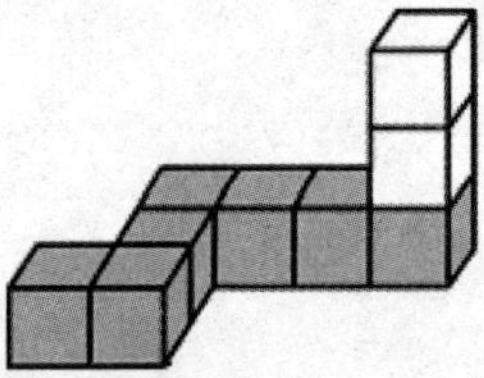

309. 哪个立方体，能颠倒过来

其实这里面的每个图形都可以看成是两种状态，仔细观察你就会发现如何把它们颠倒过来了。

310.平　行

只是全部相互平行。

311. 平面还是立体

当我们仔细看这幅图的时候，就会发现这些看似杂乱的三角形竟然可以看成是几个立体图形的面。正是这些明暗相间的颜色扩大了这种错觉。

312. 白方格在第几层

这幅图很容易让人看得头晕，那两个白方格从不同角度观察，既可以被看成在最顶层，也可以被看成在最底层。

313. 上升的线

用一只眼睛从纸的右下方看，你就会看到升起来的线。试试看吧!

314. 球和影的错觉

我们对比一下两幅图就会看出，它们的位置是完全相同的。只是第二幅图中球的影子在一条水平线上，给人的感觉是这些球在影子正上方的空中，而第一幅图则是摆在棋盘上的。

315. 悬浮的花瓶

当然不会，它是放在地面上的，只不过在它的前面我们人为地做出一块“影子”，因此看起来像是在飘浮着的。这是因为在我们的视觉系统决定相对高度和深度时，影子是一条非常重要的线索。

316. 透视拱廊

这不是我们的视觉问题，而是真的。因为这是一个幻觉拱廊，它给我们对于深度的错误印象。实际上这里的地板向上倾斜，屋檐朝下倾斜，后面的柱子比前面的要矮。

317. 高与矮

不！其实这两个人的身高是相差不大的。之所以看起来一个高一个矮，只是因为一个近，一个远。再加上离得近的男孩从这个角度看好像站在地板上手却能够到天花板，其实这只是角度的错觉。

318. 大小恒常错觉

没有，它们的身高是差不多的，只是一个近，一个远。这就是“大小恒常错觉”。这幅图画的背景提供了表示深度的尺度。错误的背景就会提供错误的尺度，使人产生错觉。

319.透视错觉

其实它们的大小和高度完全一致。但是在那四条放射线的衬托下，右侧的长方形显得比左侧的要高一些。

320. 奇怪的门

看上去上面的“门”要高一些，其实它们的大小是完全一样的。

321. 哪条线段更长

图中线段AB和线段CD的长度其实是完全相等的，虽然它们看起来相差很大。

322. 曲线幻觉

这些竖线看上去似乎是弯曲的，但其实它们是笔直的，而且相互平行。当你的视网膜把边缘和轮廓译成密码，幻觉就偶然地在视觉系统里发生了。这就是曲线幻觉。

323. 隧　道

看上去最后面的要高一些，其实他们三个是一样高的。

324. 恐怖的地下室

看上去后面那个比前面的要大很多，其实它们是一样大的。

325. 走廊幻觉

用尺子量一下你会发现他们的身高是完全相同的，只是由于透视效果和前面大个子的人的对比才让前面的小人儿看起来小了一些。

326. 月亮错觉

这两个球尽管看上去后面的要大很多，但实际上它们是一样大的。有一种现象我们在日常生活中经常能看到，就是太阳早上看起来往往比中午的时候大一些，这种现象被叫作月亮错觉。月亮错觉就是虽然接近地面平视的圆月和当空仰视的圆月面积相等，在视网膜上形成的影也大小相同，但一般人总是觉得接近地面时的圆月面积要大出30%~50%。

327. 阴影产生的形状

旋转图片之后所有形状一起发生改变，凹陷的球凸起，凸起的球凹陷。大脑利用许多线索确定一个二维图形的纵深度，其中一个线索就是阴影。正常情况下灯光来自上方。当图像被倒置之后，大脑会收到来自另一角度的光线指示，这样同样的阴影会对应不一样的形状。

328. 书

它既可以看成是正对着你，又可以看成是背对着你，这要看你是怎样理解的。

329. 凸与凹

这幅画是荷兰著名的视错觉画家埃舍尔的作品。他的作品利用人的视觉错误，让观看者在三维空间里游戏。他的《凸与凹》《上升和下降》《观景楼》《瀑布》等作品，以非常精巧考究的细节写实手法，生动地表达出各种荒谬的结果，几十年来，始终令人玩味无穷。

从这张画上你看到了什么？是一个外凸的贝壳状天花板饰物？还是地板上凹陷的贝壳形的盆？这取决于你认为辅助的光线来自何方。在你的视网膜上投射的影像可以有两种解释：凹或者凸。而这幅画中的很多细节都会让我们的大脑把事物一会儿看成凹，一会儿看成凸的。

这幅图还有一个特点就是，如果你一眼看过去，它好像是一个对称的图形。而左半部分的物体是凸的，右半部分通常会被看成凹的。看一下垂直中线两边吹喇叭的人，就会感受到最为震撼的视觉冲击。埃舍尔本人对此解释道："画面中有两个吹喇叭的人。左边的那个正对着一个小屋的屋顶，他可以从窗户里爬到这个屋顶，然后跳到小屋前面的地板上。但是右边的那个吹喇叭的人就不能爬出窗户，因为他下面是一个深不可测的深渊。"

其实我们辨认一个物体是凸还是凹都必须依赖某个参照物，如果参照物发生变化，所得的结果也会发生变化。最明显的例子就是画面下端趴着两只蜥蜴的台阶。如果从左边那只蜥蜴看，台阶是正的，如果从右边那只蜥蜴看，台阶是倒的。画面的右上角挂着一面旗帜，上面的多边形图案就说明了凸与凹这个主题。

类似的细节有很多，在此就不一一列举了，大家慢慢寻找吧。

330. 凹　凸

这幅图由于四周背景颜色的不同，使得它看起来既可以是凹进去的，又可以是凸出来的。

331. 凸出来还是凹进去

这个图既可以看成凸出来的，也可以看成凹进去的。

332. 深度错觉

这是因为现实中的立体物体，是以平面的形式反映在我们的视网膜上的。而我们的视觉系统强迫将一个感知到的平面的图形理解为一个立体的图形。然而，在视网膜上，不同的立体物体可能会有相同的平面图像。这时，视觉系统就会将平面图形感知为其中一个立体图形，也可能会感知为另一个。但是在同一时刻，你的大脑只能感觉到一种图像，而不可能同时感觉到两种图像。这就是我们总是感觉它们在不断变换位置的原因。

333. 门上的洞眼

如图所示：很多人一想到某物塞住某物，就会将它想象成一块没有变化的、形状单一的立方体。如果能将思维发散，将它想成不同的平面，就能设计出第一个木塞；如果再将思维发散，将不同的平面按不同的角度进行组合，就很容易设计出第二个木塞。

334. 三角形管线

也许你会有点惊讶：因为还是深色的那一面朝上。

335. 穿过自己的带子

结果是两根带子：一根顺时针扭曲，一根逆时针扭曲。

336. 剪圆环

如图，答案有两个：2和4。其中虚线是形成环形的部分。

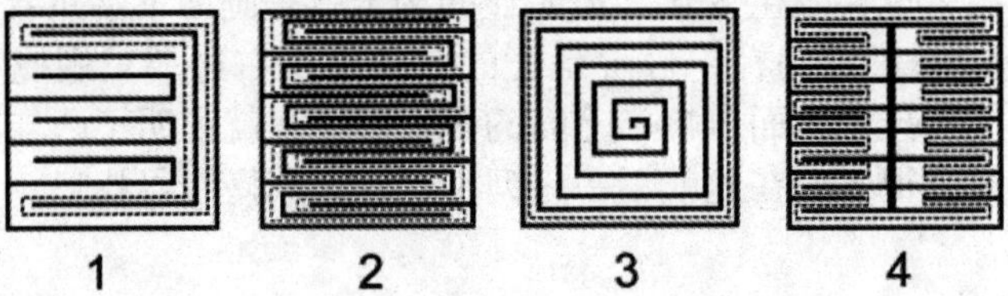

337. 三等分

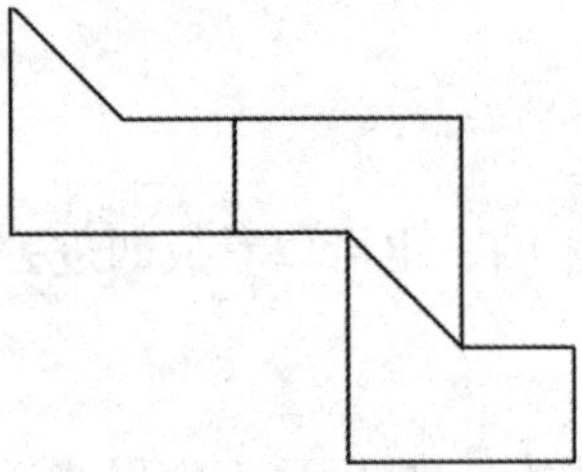

338. 切割双孔桥

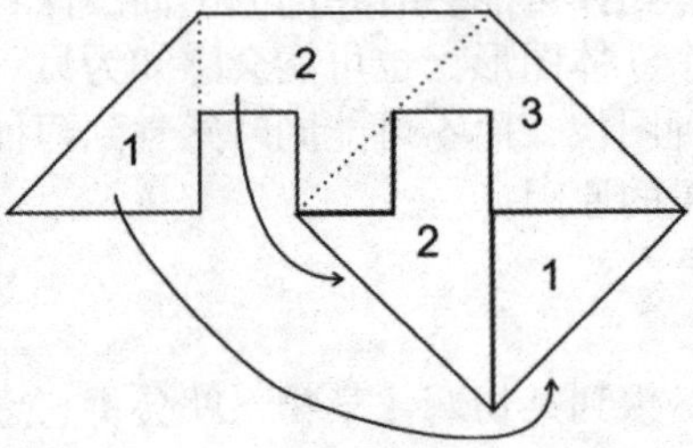

339. 二等分

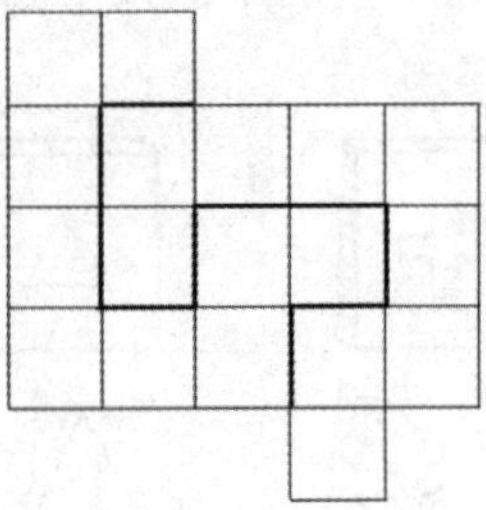

340. 三等分

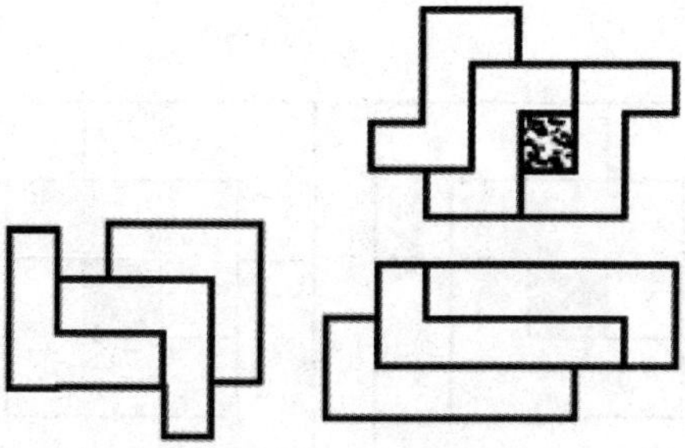

341. 平分图形

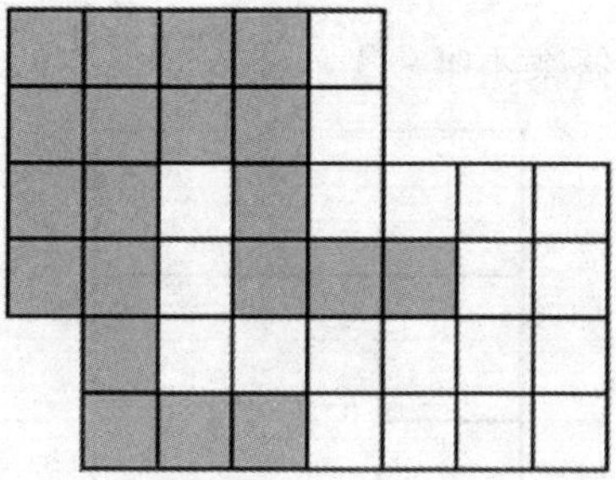

342. 分图形

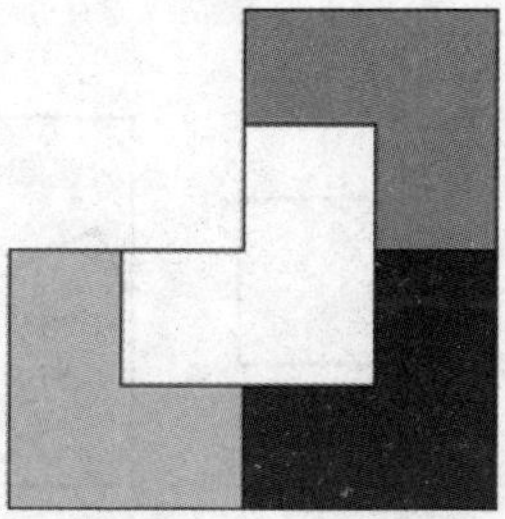

343. 四等分图形

344. 等分方孔图

有两种方法，如图。

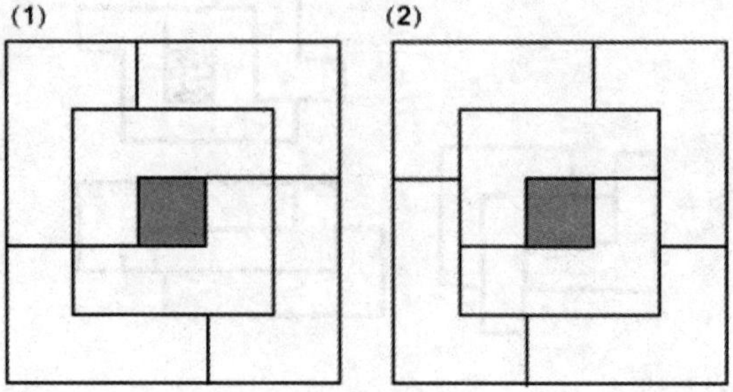

345. 一变六

如下图这样剪即可（答案不唯一）。

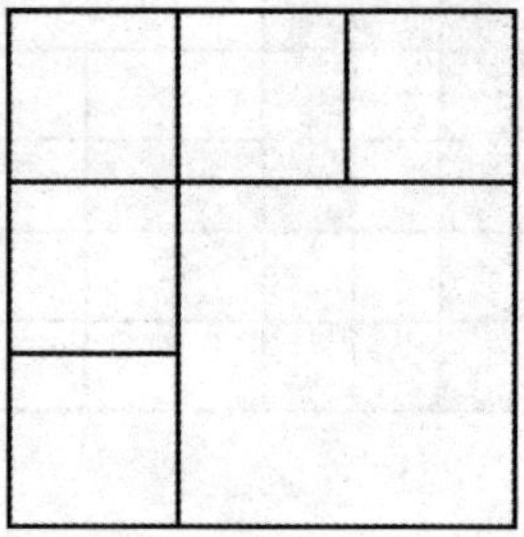

346. 有趣的十字架1

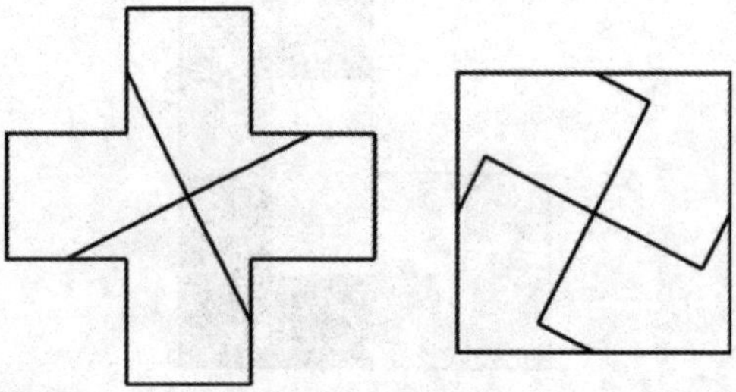

347. 有趣的十字架2

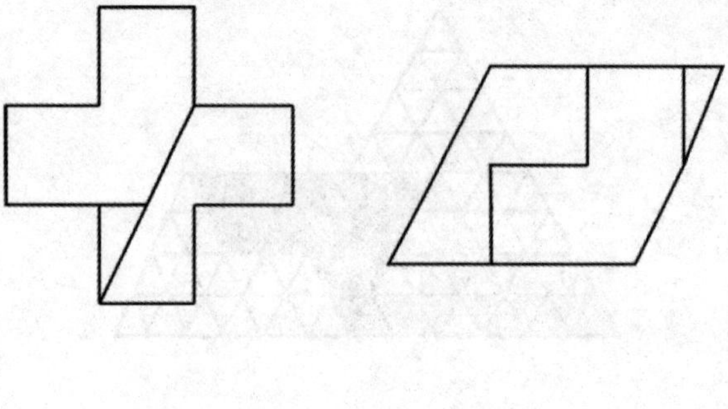

348. 有趣的十字架3

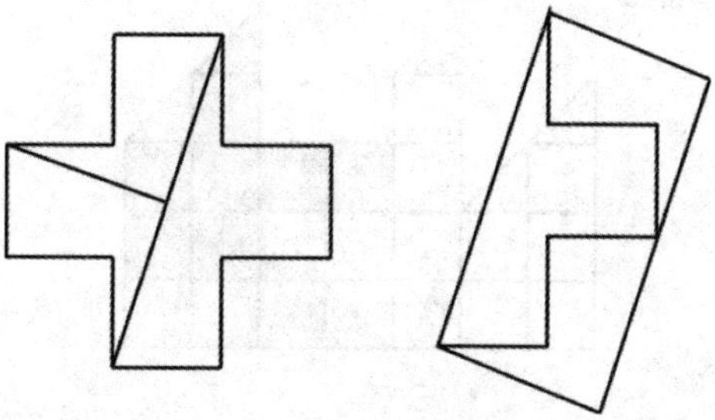

349. 图形构成

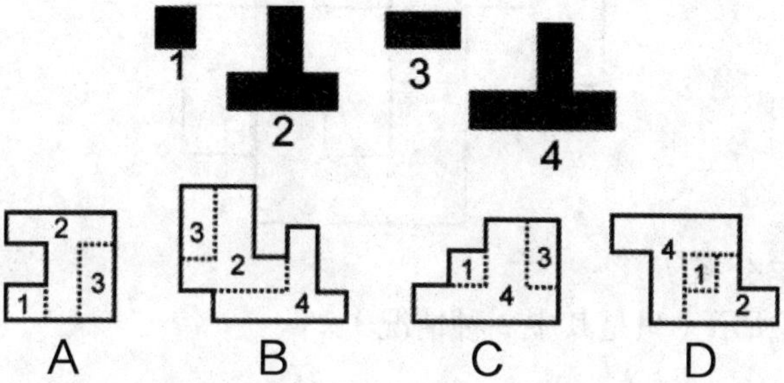

A. 1、2、3；
B. 2、3、4；
C. 1、3、4；
D. 1、2、4。

350. 切蛋糕

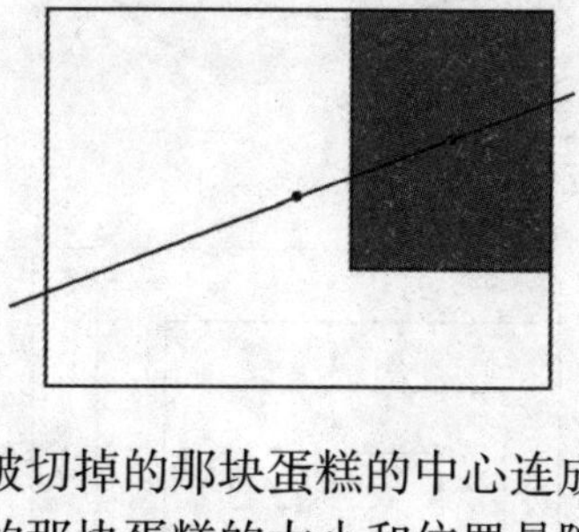

将完整蛋糕的中心与被切掉的那块蛋糕的中心连成一条线。这个方法也适用于立方体！请注意，切掉的那块蛋糕的大小和位置是随意的，不要一心想着自己切蛋糕的方式，要跳出这个圈子。

351. 兄弟分家

按照下图所示分即可。

352. 分　地

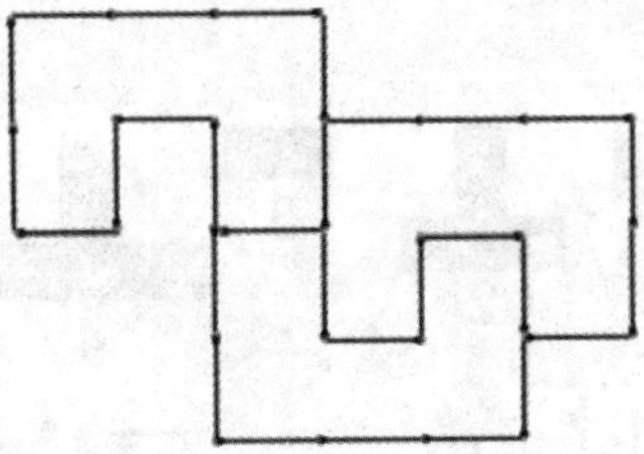

353. 四兄弟分家

分法如下图所示（只是其中一种情况）。

354. 分遗产

如下图所示即可（答案不唯一）。

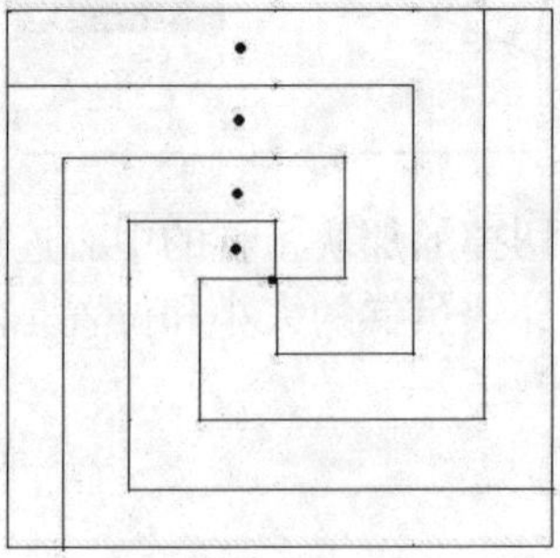